Gütersloher Verlagshaus. Dem Leben vertrauen

Für Matthäus

Petra Bahr

HALTUNG ZEIGEN

Ein Knigge nicht nur für Christen

Gütersloher Verlagshaus

Bibliografische Information der Deutschen Nationalbibliothek

Die Deutsche Nationalbibliothek verzeichnet diese Publikation
in der Deutschen Nationalbibliografie; detaillierte bibliografische
Daten sind im Internet über http://dnb.d-nb.de abrufbar.

Verlagsgruppe Random House FSC-DEU 0100
Das für dieses Buch verwendete FSC-zertifizierte Papier *Munken Premium*
liefert Arctic Paper Munkedals AB, Schweden

1. Auflage
Copyright © 2010 by Gütersloher Verlagshaus, Gütersloh,
in der Verlagsgruppe Random House GmbH, München

Dieses Werk einschließlich aller seiner Teile ist urheberrechtlich geschützt.
Jede Verwertung außerhalb der engen Grenzen des Urheberrechtsgesetzes
ist ohne Zustimmung des Verlages unzulässig und strafbar. Das gilt insbesondere für Vervielfältigungen, Übersetzungen, Mikroverfilmungen und
die Einspeicherung und Verarbeitung in elektronischen Systemen.

Umschlagmotiv: © Fotolia, Eric Isseleé
Satz: Satz!zeichen, Landesbergen
Druck und Einband: CPI Ebner & Spiegel, Ulm
Printed in Germany
ISBN 978-3-579-06551-9

www.gtvh.de

INHALT

Rückenschule 6

Kein Halten mehr 20

Der andere Knigge 32

Höflichkeit 42

Haltung des Herzens 48

Freimut 52

Tapferkeit 58

Besonnenheit 68

Klugheit 74

Dankbarkeit 84

Demut 100

Humor 118

Barmherzigkeit 130

Maß 138

Muße 150

Literatur 159

RÜCKENSCHULE

»Halt Dich gerade, Mädchen«, hat meine Großmutter immer gesagt. Mit dieser Mahnung wollte sie nicht meine Lümmelei bei Tisch korrigieren, obwohl sie auf guten Manieren beim Essen bestand. »Halt Dich gerade« war auch kein Appell gegen eingezogene Schultern, mit denen die Dreizehnjährige ihre Unsicherheit in Körpersprache übersetzte. Haltungsschäden befürchtete sie wohl, mit ihrem Hinweis nörgelte sie allerdings nicht an meiner schlechten Erziehung herum. Das stete »Halt Dich gerade« zielte auf den inneren Anstand, der sich auch bei der Enkelin gut entwickeln möge. »Halt Dich gerade«, ermunterte sie mich deshalb immer, wenn ich schlecht geschlafen hatte, weil mich mein Gewissen plagte oder eine schwierige Entscheidung anstand. Ansonsten ließ sie mich mit meinen Überlegungen allein. Sie vertraute darauf, dass ich schon selbst herausfinden würde, wie ich mit geradem Rückgrat aus einer heiklen Situation heraus käme. Der kleine Satz war Maßstab und Aufmunterung genug.

Ich hätte ihren Hinweis sicher als eines dieser geflügelten Worte abgetan, mit denen Ältere bisweilen die eigene Lebensweisheit an die nächste Generation weitergeben. Von der geronnenen Erfahrung merken die Jüngeren allerdings wenig, weil der erhobene Zeigefinger im Wege steht. Dass dieser Satz mir zu einem Lebensbegleiter wurde, den ich ernst nehmen konnte, lag daran, dass meine Großmut-

ter dafür gebürgt hat, wie er sich vor meinen Augen entfaltete. »Halt Dich gerade« – dieses Motto hat sie sich auch selbst morgens vor dem Spiegel zugerufen. Deshalb klang dieser Satz auch nicht vorwurfsvoll. Ihr eigenes Leben war Anschauung für die Art Haltung, die eine große innere Freiheit mit einer ungewöhnlichen Zugewandtheit im Umgang mit den Menschen verband. Auch äußerlich hielt sie sich gerade, obwohl sie allen Grund gehabt hätte, sich unter der Last eines schweren Lebens zusammenzukrümmen. Bis ins hohe Alter, als die Zeit den Rücken schon gebeugt hatte, ging sie so aufrecht, wie sie es eben mit einiger Anstrengung schaffte. Nachlässigkeit, auch in äußerlichen Dingen, war für sie ein Zeichen der mangelnden Achtung vor der Umgebung, in der sie lebte. Sogar gute Kleidung war für sie weniger eine Frage des Stylings als die Weise, mit Bluse und Tuch den Anlass des Tages und des Gegenübers zu würdigen. Sie wollte sich bis ins hohe Alter nicht gehen lassen. Vielleicht hatte sie manchmal Sorge, so ihre innere Fassung zu verlieren. Ein wenig eitel war sie auch. Trotzdem konnte sie großzügig über Äußerlichkeiten hinwegsehen. Vor allem Jugendliche im schwierigen Alter merkten das sofort. Grün gefärbte Haare, Nasenpiercings und ungewaschene Hälse überging die alte Dame lässig, wenn es darum ging, mit den Enkeln oder deren weitgestreutem Freundeskreis das Verhältnis zu Lehrern oder Eltern wieder in Ordnung zu bringen. Für die Etikette, die – komme, was wolle – den äußeren Schein wahrt oder einer fraglosen Konvention des »man tut das aber« folgt, hätte sie nur milden Spott übrig gehabt. Aber Arroganz oder Gleichgültigkeit ließ sie niemandem durchgehen, ob in Seidenkleid oder zerfetzter Jeans.

Von großen Worten über Moral hielt sie nichts. In meiner Erinnerung hat sie auch nie über den Verfall der Werte, das ungehörige Benehmen der Jugend oder die Sittenlosigkeit der Politiker geschimpft. Diese Art der kulturpessimistischen Welteindunkelei wäre ihr wohl larmoyant vorgekommen. Selbstmitleid mochte sie genauso wenig wie Menschen, die sich bei Kaffee und Kuchen an ein ominöses Früher erinnern, in dem alles besser war. »Diese alten Leutchen leben nur in der Vergangenheit«, kommentierte sie noch als über Achtzigjährige den Rückwärtsblick mancher Freundinnen mit einer Spur von Ungehaltenheit in der Stimme. Die innere Form, die ihr in den schweren Zeiten des Lebens Halt gab, hat Menschen weit über ihren Tod beeindruckt, vermutlich, weil sie so wenig Aufhebens um sich machte. Nun könnte man meinen, meine Großmutter wäre mit dieser Lebensweise die typische Repräsentantin ihrer Generation von Frauen, die ihr Leben für andere aufgeopfert haben. Über Todesanzeigen steht dann ein Verslein, das der Selbstlosigkeit der Verstorbenen ein Denkmal setzt. »Sie lebte für andere.« Oder »Arbeit war ihr Leben«. Manchmal sehe ich dieses Lebensskript in den Gesichtern alter Frauen. Vor langer Zeit blickten sie sicher einmal keck und voller Lebenslust in die Welt. Dann haben der Krieg, die Entbehrungen der Jahre danach, die vielen Tode und die stete Sorge um die vaterlosen Kinder den Glanz aus den Augen gewischt. Sie sehen mit einer Müdigkeit in die Welt, gegen die kein Schlaf mehr hilft.

So hätte meine Großmutter ohne weiteres werden können. Sie teilt das Schicksal dieser Frauen. Wundersamerweise war sie so nicht. Ihre Augen waren bis ins hohe Alter hellwach. Ihre Lebenshaltung wirkte unangestrengt und heiter. Sie wollte nichts Besonderes, ja nicht mal besonders gut sein, aber sie hatte einen ausgeprägten Sinn fürs gute Leben, konnte genießen, feiern und sogar feierlich mit sich alleine sein. Nein, selbstlos war sie nicht. Sie verausgabte sich manchmal bis zur Erschöpfung und gab viel von sich an andere, aber sie hatte ein Selbst, auf das sie achtete. Bisweilen, wenn die Familie oder die Menschen, um die sie sich sorgte, ihr unbotmäßig nahe kamen oder ihr etwas unter die Haut ging, zog sie einen Zaun um sich herum. Betreten verboten! Für eine kurze Zeit konnte die Welt bleiben, wo der Pfeffer wächst: für die Spanne eines Mittagsschläfchens, für die Dauer eines Spaziergangs oder die Länge eines Gebets zog sie sich zurück. Besonders die letzte Fähigkeit finde ich im Rückblick bemerkenswert. Beten war ihr so selbstverständlich wie ein Telefonieren. Beides tat sie ausgiebig. Sie redete mit Gott ohne verquaste Kirchenvokabeln, ganz so, wie sie sonst auch redete. Manchmal freundlich, manchmal mit verhaltener Enttäuschung in der Stimme, manchmal voller Übermut, immer aber mit Respekt und Pausen, die dem Gegenüber die Chance boten, etwas einzuwerfen, nachzufragen oder Zustimmung zu äußern. Kleine Zeichen deuteten darauf hin, dass sie nicht nur den Nächsten, sondern ganz biblisch auch sich selbst von

Herzen lieben konnte. Der Tisch mit den Blumen und dem feinen Geschirr, den sie nur für sich allein eindeckte. Das Lieblingsessen, Hasenpfeffer mit Apfelkompott, mit Hingabe zubereitet. Die Sendung im Radio, bei der sie sich nicht stören ließ. Sie hatte ein Gefühl für sich selbst. Für ihre Lebenskunst brauchte sie keine Zuschauer. Wahrscheinlich hätte sie mich deshalb ausgelacht, wenn ich ihr noch erzählen könnte, dass sie die Hauptfigur in einer Einleitung zu einem Buch ist, das ihr eigenes Lebensmotto im Titel trägt.

Was ihr diese Lebenshaltung stiftete, war allerdings so altmodisch wie die gehäkelten Handschuhe, die sie gegen die Wetterfühligkeit der Hände überstreifte: Demut und Tapferkeit, Freimut und Barmherzigkeit, Treue und Besonnenheit, dazu das, was der christliche Glaube in ihr formte: Glaube, Liebe und Hoffnung. Ihr feiner Humor, ihr Charme und die unverhohlene Neugier auf die Welt verhinderten, dass man sie zu der Art »Gutmenschen« zählte, die man zwar von ferne bewundern, aber möglichst nicht zu nah an sich heran lassen will, weil sie einem mit ihrer Perfektion ein schlechtes Gewissen machen. Wer sich für moralisch überlegen hält, kann ja sehr herablassend sein. Das kann ziemlich auf die Nerven gehen oder sogar Beklemmungen auslösen, vor allem, wenn diese Moral vom stirnrunzelnden »Ich weiß, was gut für Dich ist« begleitet wird. Heute würde man die Fähigkeit des unverkrampften Wohlwollens gegenüber Freunden und Fremden vielleicht Empathie nennen. Oder schlicht »Nächstenliebe«. Nächstenliebe ist freilich in erster Linie kein überschäumendes Gefühl, sondern das Vermögen, vom Anderen her zu denken, und zwar so, dass dieser nicht als Umweg zur eigenen Selbstbestätigung gebraucht wird. Die richtige Distanz räumt der Zugewandtheit zum Anderen die nötige Luft zum Atmen ein. Aufgezwungene Zutraulichkeit sucht dagegen in der Regel nur sich selbst über den Umgang des Anderen.

Wer den Abstand zwischen Desinteresse und Zugewandtheit wahrt, macht nicht durch aufgedrängte Umarmungen, stete Nachfragen oder künstliche Küsse auf sich aufmerksam. Solcher plakativen Menschenliebe geht es nur um sich selbst. Diskretion und Takt gehören zum Wesen angebotener Freundschaft. Meine Großmutter war trotz ihrer überzeugenden Lebenshaltung alles andere als perfekt. Wie geschickt sie ihre Schwerhörigkeit einsetzte, wenn sie einen Gesprächsverlauf gerne in eine andere Richtung schieben wollte. Das war nicht sehr tugendhaft. Ihre Ungeduld, gepaart mit ihrem ausgeprägten Ordnungssinn, den ich als Kind ziemlich übertrieben fand, konnte einen schon in den Wahnsinn treiben. Zum Glück verlangte sie auch von anderen keine Perfektion. Sie gab sich keine Mühe, eine fügsame alte Dame zu sein. Schwiegersöhne, Pastoren, Ärztinnen und Postboten mussten so manch überraschenden und unlogischen Widerspruch herunterschlucken. Das war manchmal ziemlich anstrengend. Es scherte sie nämlich nicht, was andere von ihr hielten. Da hielt sie es mit dem Freiherrn Knigge. Dieser gelassene Umgang mit den eigenen und fremden Ansprüchen gehörte zum Geheimnis ihrer Glaubwürdigkeit.

Viel besser als die Fehlerfreiheit sei die Vergebungsbereitschaft, hat die Großmutter immer gesagt – und dabei auch sich selbst ins Verzeihenkönnen einbezogen. Auch

Scheitern können will offenbar geübt sein. Mit sich selbst barmherzig sein ist manchmal schwerer, als bei anderen leichtherzig über kleine Macken hinwegzusehen. Wie viel schwerer ist es, mit sich gnädig zu sein, wenn man auf ganzer Linie versagt hat. Vielleicht war diese Fähigkeit zur Vergebung der Schlüssel zu ihrer Liebe zu den Menschen mit Ecken und Kanten. Die stete Erinnerung »Haltung zeigen!« zog keine Patentrezepte nach und hatte nichts von einem Appell, mit dem sie ihre Umgebung malträtierte. Tugendkataloge, wie sie seit der Antike überliefert sind, hätte sie sicher nicht behandelt wie Listen, die sie abends mit rotem Stift abarbeitet, bevor sie das Nachtgebet spricht. Es hätte sie sicher befremdet, wenn ich ihr erzählt hätte, dass große Gelehrte im Mittelalter dicke Bücher mit der Überlegung gefüllt haben, ob die Klugheit die höchste Tugend sei oder doch die Weisheit den Preis der Meistertugend bekommt. »Warum soll denn eine Tugend an der Regierung sein? Sie können sich die Arbeit doch teilen«, hätte sie den Streit auf ihre Weise beendet. Auch die Ordnungsgefüge der alten Tugendethiken hätte sie wohl eher beiläufig zur Kenntnis genommen. Was unter dem Lemma »Tugend« im Lexikon zu finden ist, ist schnell zusammengefasst. Da sind die Kardinaltugenden, die nicht so heißen, weil ein Mann in roter Soutane sie für sich beansprucht hätte. Nach dem lateinischen Begriff »cardo« sind sie in der antiken Philosophie der Dreh- und Angelpunkt der menschlichen Existenz: Weisheit, Gerechtigkeit, Tapferkeit und Maß. Auf sie satteln die christlichen Tugenden, die auf den Dreiklang des Apostels Paulus gestimmt sind – Glaube, Liebe, Hoffnung – und später beliebig erweitert wurden: Demut und

Güte, Sanftmut, Geduld, Barmherzigkeit und Dankbarkeit. Sogar das Gebet kann manchem Kirchenvater zur Tugend werden, als Haltung, die mit Gott im Gespräch das Leben meistert. Für Philipp Melanchthon ist das Gebet gar die wichtigste Tugend, »ein Licht und Trost ist in aller Fähigkeit unseres Lebens und ist die Wurzel aller Tugenden«. Sie wird schon allein deshalb zur Meistertugend, weil in ihr deutlich wird, dass Haltung, die Halt gibt, aus Beziehung lebt. Außerdem versichern sich die Betenden eines Haltes, der in dieser Welt frei und unabhängig macht.

Ob ihre Haltungen unzeitgemäß oder einfach nur zeitlos sind, hat im Rückblick auf ihr Leben aus der Perspektive der Enkelin interessiert. Ich wollte mehr über die Hintergründe wissen, die den Menschen prägten, der mich sicher neben den eigenen Eltern am meisten beeinflusst hat. Ihre Freude an dem, was sein soll, ist mir noch viele Jahre nach ihrem Tod so stark im Gedächtnis geblieben, dass ich ihren Haltungen auch in der Gegenwart Einiges zutraue. Deshalb teilen sich berühmte Kirchenmänner, ihre preußische Erziehung und Freiherr Knigge, der Volksphilosoph des 18. Jahrhunderts, der es seit zweihundert Jahren als Haltungsexperte in die Bestsellerlisten schafft, die Hauptrolle in diesem Tugendbrevier. Das ist so rückwärtsgewandt erst einmal wie die Sammeltassen, die mir meine Großmutter vermacht hat. Doch die sind ja neuerdings auch wieder modern. Im übrigen soll auf diese Weise auch einer Generation von Frauen gedacht werden, die wir nur als Kriegswitwen, Trümmerfrauen und Großmütter erinnern. Das geht nicht ohne Blick zurück. Ihre Kraft, ihr Trotz, ihr zähes Ringen um den vielfachen Neubeginn sind viel zu schnell vergessen worden. Das Wirtschaftswunder, die Demokratie und die Entwicklung des Geistes und der Kultur waren ja schnell wieder Männersache. Dieser Versuch über innere Haltungen, die auch äußerlich Halt geben, will mit philosophischen oder theologischen Büchern über Moral nicht konkurrieren. Die persönliche Auswahl könnte auch anders ausfallen. Sie weist große Lücken auf, ist entschieden einseitig und subjektiv, eine schreibende Form der Selbstüberredung gegen die Mutlosigkeit, die mich manchmal krumm und haltlos werden lässt. »Halt dich gerade, Mädchen«, höre ich sie dann sanft rufen.

Das Wort »Tugend« war lange ein Ladenhüter. Mit der Generation meiner Großmutter landete es erst einmal in der Mottenkiste der Geschichte. Es müffelte nach der verlogenen Attitüde einer Generation, die sich erst moralisch desavouiert und dann hinter Vorgartenwohlanständigkeit versteckt hatte. Laster haben dagegen bleibend Konjunktur. Fast könnte man den Eindruck haben, als hätte die dunkle Schattenseite des Menschen klammheimlich die Stelle eingenommen, die früher der Tugend zustand. Lasterkataloge sind eine Art Überlebenswissen in den Untiefen des sozialen Lebens. Gegenwärtig werden die ehemaligen Laster gar zu einer positiven Triebkraft der Gesellschaft umgedeutet. Ein Ökonom erklärt die Habgier zum unverzichtbaren Grundtrieb unseres Wirtschaftssystems. Ein Politiker ruft »das Ende der Barmherzigkeit« aus und nimmt mit diesen Worten den Sozialstaat ins Visier. Eine Bildungsforscherin gibt Neid als wichtige Motivation für den sozialen Aufstieg an. Eltern sitzen am Rande des Sandkastens und ermuntern ihre Kinder, ihre Ellebogen anständig zu trainieren. »Setz dich durch!«, werden die Drängeleien der Sprösslinge befeuert. »Geiz ist geil.« Mit diesem Slogan wirbt eine Elektromarktkette um Kunden. Was für ein obszöner Reim. Doch laut sagen will das lieber niemand. Schließlich will keiner wie ein Moralapostel dastehen, der kleinlich über die Nachlässigkeit des Sprachgebrauchs anderer wacht oder sofort den Zeigefinger hebt. Schlimmer als jedes Laster, das im Zweifel zur Tugend umgedeutet wird, scheint gegenwärtig das zu sein, was unter dem Stichwort »Moralisierung« das Stirnrunzeln moderner Zeitgenossen provoziert.

Wer wagt es, den Stab zu brechen? Mit der Ablehnung aufgezwungener oder bloß überlieferter Moralvorstellungen ist das moralische Urteilen an sich in Misskredit geraten. In dem Maße, wie das Private bewertenden Blicken von echten oder selbsternannten Tugendwächtern entzogen ist, werden viele ehemalige Moralfragen zur Geschmackssache. Da erzählt jemand davon, dass ein Familienvater aus dem Freundeskreis seine Frau mit drei Kindern wegen einer jungen Studentin verlassen habe, und schiebt entschuldigend hinterher: »Ich will das jetzt gar nicht moralisch beurteilen. Ist aber schlechter Stil, oder?« Mit der Zahl der Lebensformen wird auch die Frage von Moral und Unmoral zu einer Frage des Standpunktes. Und den behält man lieber für sich. Wer will schon Spielverderber sein?

Doch ist das nur die eine Seite der Medaille. Von einer Entmoralisierung des Lebens kann man wahrlich nicht sprechen. Es gibt eine Art der öffentlichen Empörung, die sich so sehr selbst gefällt in ihrer Betroffenheit über die vermeintliche Verrohung oder Entgleisung, dass sie nur noch als Reflex in einem Spiel von Tabubruch und Erregung wahrgenommen wird. Der Rede vom allgemeinen Sittenverfall hat sich definitiv nicht erledigt. Sie ist an jeder Ecke zu hören. Entmoralisierung und Remoralisierung haben sich in einem Spannungszustand eingependelt. Kein Wunder, dass auch das, was als Laster zu gelten hat, unklar geworden ist.

Laster gelten eher als schlechte Angewohnheit denn als verwerfliche Handlung, die es gesellschaftlich ernsthaft zu ächten gilt. Eine Bagatelle wie Falschparken oder die Lüge aus der Not sind alltägliche Verlegenheiten, die sich jeder großzügig verzeiht. Gier und Geiz als lasterhafte Geschwister werden nur dann an den Pranger gestellt, wenn sie mit einem ganzen Berufszweig in Verbindung stehen.

Wenn Laster auch als Todsünden schon lange nicht mehr ernst genommen werden, so haben sie auch noch als düstere Macken eine geradezu unheimliche Anziehungskraft. Das mag daran liegen, dass in ihnen so etwas wie die Banalität des Bösen aufscheint, aus der so manches Monster entsteht. Viel vom Übel in der Welt nimmt seinen Anfang nicht durch gezielte Willkür oder Niedertracht. Neid und Klatsch, Geiz oder Maßlosigkeit sind in ihren Folgen oft genug zerstörerischer. Moralvergessene Haltungen zeichnen ja nicht nur die echten Schurken aus. Sie gehören zur unheimlichen Aura jedes Menschen. Wie in Schatten folgt uns allen das, was in den abendländischen Lasterkatalogen dingfest gemacht wird und Romanautoren wie Filmemacher zu immer neuen Nacherzählungen animiert. Krimis und Gesellschaftsthriller spielen mit dem Bösen, das mitten im Alltag aufscheint, als unscheinbare Nachlässigkeit beginnt und zur echten Schandtat wird. Die zweifelhaften Helden dieser Geschichten sind wie die aufregendere Ausgabe unserer selbst. Deshalb haben sie unsere volle Aufmerksamkeit.

Tugend dagegen klingt verdächtig nach der Moral von Tugendwächtern, die anderen in säuerlichem Ton ihre rigiden Vorstellungen aufreden oder sie gar mit Gewalt durchsetzen. Die Diagnose von der Tyrannei der Tugend trifft vor allem die Verbindung von Tugend und Religion. Die heikle Kombination gibt es nicht nur in der abendländischen Kirchengeschichte. Um der Tugend ihrer Schwestern willen warten heute halbwüchsige Jungen vor deutschen Schulhöfen, damit die Mädchen ihre Haare züchtig unter Kopftüchern verhüllen und keiner »westlichen Versuchung« nachgeben. Blickkontaktsperren werden verhängt, Menschen eingeschüchtert oder bedroht. Aus der Frage von Rocklängen und Kopfbedeckungen kann unter Umständen eine todernste Angelegenheit werden. In den so genannten Gottesstaaten dieser Welt überwachen beamtete Tugendwächter über das Verhalten eines ganzen Volkes. Tugend, die sich mit politisierter Religion verbindet, hat einen bitteren Beigeschmack. Sie verkommt zum Korsett eines unfreien Lebens, das Menschen mit Verboten, Sperren und Tabus aller Art die Luft abschnürt. Nein, das ist wahrlich nicht die Haltung, auf die wir uns besinnen sollten, auch wenn immer wieder Menschen laut von mehr Ordnung und über den Verfall der Sitten faseln.

In der harmlosen Fassung klingt Tugend schlicht nach hochgeschlossenem grauen Rollkragen, pikiertem Gouvernantenblick oder einem Leben ohne Spaß und Leidenschaft. Wo von Tugend die Rede ist, kann man sich der Wirkungslosigkeit fast sicher sein. Tugendapostel werden eher bemitleidet als gefürchtet, sie gelten als kleinlich und unsympathisch, aber harmlos. Ganz und gar nicht wie meine Großmutter. »Von der zahnlosen Jungfer Tugend« sprach schon der Philosoph Max Scheler zu Anfang des 20. Jahrhunderts. Viel schien dem abendländischen Konzept von geprägten Lebenshaltungen nicht mehr zugetraut zu werden. Immerhin versuchte er sich an der Ehrenrettung der alten Dame. Viele seiner Kollegen tun es ihm heute wieder nach. Das liegt an der Renaissance der philosophischen Lebenssinnmanager. Die moralphilosophische Einsicht, dass Tugenden immer kniehoch im Alltag stehen, steht allerdings in keinem Verhältnis zur Weltferne ihrer Schilderungen. Es gibt kluge Reflexionen über den Verlust der Tugend in der Gegenwart, die ohne die Schilderung einer einzigen verlorenen Tugend auskommen. Das ist deshalb schade, weil ihre Potentiale so unentdeckt bleiben. In der Theologie sieht es auch nicht viel anders aus. Man will sich schließlich nicht lächerlich machen. In den Expertendebatten um die Zukunft des Wirtschaftens, des Alterns oder des Forschens klingen Demut, Barmherzigkeit, Güte und Maß in der Tat naiv oder närrisch.

KEIN HALTEN MEHR

Tugenden werden neuerdings als unzeitgemäße Haltungen wieder öffentlich beschworen. Leider verschwinden sie meistens in der konturlosen Mischung aus Normen, Forderungen und Wünschen, die als »Wertedebatte« die Talkshows und kirchlichen Akademien beschäftigt. Das klingt gut und trifft punktgenau auf Orientierungsnotstand der Gesellschaft, die eher ahnt als weiß, dass es Zeit ist, die Frage nach dem, was unser Leben in Zukunft leitet, neu zu beantworten. Die Pointe der Tugenden wird dabei leider verschenkt, denn wer sich auf sie einlässt, müsste eigentlich bei sich selbst beginnen. So kann es nicht weitergehen, heißt es stattdessen mit dem Grundton der Betroffenheit. Alle sind sich einig und nicken kräftig in die Kamera. Doch dann hüllen sich die Gesprächspartner in Nebelwolken. Es will sich niemand genau festlegen, welche Werte denn für ihn selber auf dem Spiel stehen, an welchen Normen wir uns zukünftig orientieren wollen und von woher die neuen Verhaltensmaßstäbe kommen, die so plausibel sind, dass zumindest die meisten sie als die eigenen Maßstäbe anerkennen. Das lähmt nicht nur die Debatte. Es scheint auch so, als lägen alle in Lauerstellung hinter ihrer Wagenburg und warteten im Schutz der eigenen Clique, des eigenen Berufsstands, der eigenen Partei, und darauf, dass andere den ersten Schritt machen. »Du musst dein Leben ändern« raunt es aus jeder Ecke, das »Du« im Appell bezieht aber niemand

auf sich selbst. Wäre ja auch gelacht, wenn die Änderung der Lebenshaltung zuerst bei mir beginnen soll, wo andere doch viel mehr Verantwortung an dem festgestellten Desaster haben. Ein äußerst beliebtes Gedankenmanöver, auch wenn es selten offen ausgesprochen wird. Währenddessen machen alle so weiter, als wäre nichts passiert, während der Albdruck wächst und sich gleichzeitig eine seltsame Lähmung ausbreitet. Man kann ja doch nichts machen, heißt es dann achselzuckend mit Verweis auf das, was gegenwärtig als »Krise« beschworen wird, ein Wort, das schon beim Hören müde macht.

Kein Halten mehr. Das ist der Eindruck, der einen um den Schlaf bringen kann angesichts der Anhäufung von Zukunftsszenarien, die einem die Schwarzseherei geradezu aufdrängen. In der Tat gibt es Grund zur Sorge auch für robustere Gemüter. Werte und Sicherheiten, die gestern noch zu den Garantien unseres Lebens in Frieden und Wohlstand zu gehören schienen, fallen ins Bodenlose. Der Grund, auf dem es sich einigermaßen sicher stand, schwankt bedenklich. »Erst kaufen, dann zahlen«, dieses Motto der Kreditkartenbesitzer ruiniert nicht nur private Haushalte. Es ist längst im stillen Konsens zum Motto unseres Handelns geworden. Wir verschulden uns nicht nur wegen neuer Autos. »Erst kaufen, dann zahlen« bestimmt im übertragenen Sinne auch unseren Umgang mit der Natur, mit Ideen und öffentlichen Gütern. Sogar die Gestaltungsoptionen der kommenden Generation werden beliehen. Das Maß ist uns abhanden gekommen. Als verschuldete Gesellschaft stehen wir hoffnungslos beinahe überall in der Kreide. Wir haben uns zu lange damit eingerichtet, gut und gerne auf Kosten anderer zu leben, ohne an die Folgen zu denken. Am teuersten kommen wahrscheinlich die Schulden zu stehen, die man mit Geld gar nicht bezahlen kann. Da kommt was auf uns zu, sagen alle, die den Kopf nicht in den Sand stecken. Wir müssen die Grundhaltung unseres Lebens ändern, sagen vorsichtige Zeitgenossen. Doch einig ist man sich höchstens bei der Diagnose dessen, was schief gelaufen ist. Ansonsten liegt eine Tristesse über dem Land, die weniger der Krisendiagnose als der Einfallslosigkeit geschuldet ist, mit der wir ihr begegnen. Eine heilsame Verunsicherung könnte ja auch waghalsig und erfinderisch machen. Wo nichts mehr feststeht, kann sich manches leichter bewegen, sollte man meinen. Neue Räume lassen sich leichter erkunden, wenn es in den alten muffig geworden ist. Doch von diesem Aufbruch ist wenig zu spüren. Stattdessen hegen wir unsere Ängstlichkeit und verschönern den Kleinmut mit Plastikworten. Da taucht mitten in den Diskussionen um die Zukunft das unheimliche Wort vom »Systemversagen« auf. Das klingt so wie Herzversagen. Bedrohlich, aber auch so, als handle es sich um einen Schicksalsschlag, dem man sich fügen müsse. Die großen Institutionen, Banken und Universitäten, Parteien, Medien und Kirchen seien krank, heißt die nachgeschobene Erklärung. Sie leiden an akutem Vertrauensverlust. Ein dramatischer Befund, doch die Einzelnen sind in dieser Szene erst mal aus dem Schneider. Systeme sind ja, wie das Schicksal, nicht rechenschaftspflichtig, sie tragen keine Verantwortung und keine Eigennamen, haben keine Kontonummer und keine Lebensgeschichte. Man kann sie nicht persönlich anreden. Vor allem ändern sie sich nicht so leicht. In Systemen werden Fehler nicht gemacht, sie entstehen irgendwo, ohne Quelle und Ort. Systeme sind dumm. Sie können nicht über sich selbst nachdenken. Die Verursacher und die in die verfahrene Situation Verwickelten werden so geschickt anonymisiert, dass sich niemand mehr verantwortlich fühlt. Schuld ist erst recht keine Kategorie mehr in Organisationen, in denen keine Subjekte mehr handeln. Unsere Welt sei so komplex geworden, heißt es aus den berufenen Mündern von Experten. Wer wollte das auch bestreiten? Doch dass die Haltung von Einzelnen mehr oder weniger egal geworden ist, will mir nicht einleuchten. Und schnell schiebt noch jemand einen Satz hinterher, dem kaum etwas entgegenzusetzen ist. Ein echtes Holzhammerargument, das kleine Widerstände gegen das organisierte Prinzip der Verantwortungsvermeidung sofort erschlägt: Was nützt es schon, wenn wir unsere Haltung ändern, und die in China oder am anderen Ende der Welt tun es nicht? Die sind nämlich viel mehr als wir. Also lieber abwarten. Früher musste man mit den Fingern noch auf Nachbarn zeigen, um zu unterstreichen, wie wenig der Einzelne tun kann. Heute reicht es, mit den Händen ziellos in der Luft herumzufuchteln. Irgendwo gibt es immer einen Vorwand. Das schwere Wort von der »Globalisierung« als Ausrede trifft immer. Alleingänge als Holzwege verkauft.

 Der allgemeinen Zustimmung über die verfahrene Lage,

die oft genug die sehnsüchtige Äußerung nach dem nebulösen »Früher, als alles besser war« begleitet, folgen deshalb auf der Stelle die Ratlosigkeit oder der Zynismus. Trittbrettfahrer dieser Einstellung spekulieren mit Ängsten und investieren in Verschwörungstheorien. Die notorischen Berufsoptimisten wiegeln ab. Wenn es so schlimm nicht werden wird, kann alles so bleiben, wie es ist. Warten wir doch einfach auf den nächsten Weltuntergang.

Wer sentimental nach hinten schaut, dem sei gesagt, dass jede Zeit den Eindruck hat, früher (wann genau ist das bitte gewesen?) seien Herausforderungen beherzter, konsequenter, besser, humaner angegangen worden. Diese Klage findet sich in jeder Generation. Sie gehört zum guten Ton gefühlter schlechter Zeiten. Die Rede von den »neuen Werten«, die gefordert sind, ist tückisch. Sie trägt die Relativität ihrer Geltung nämlich immer schon in sich. Zu einem Wert gehören immer die, die ihn für wert erachten – und dummerweise auch die, die diese Wertung nicht teilen, weil sie mit anderen Gewichten messen. So entsteht der Konkurrenzkampf der Werte, obwohl alle es gut meinen. Oft genug hängen große Worte in der Luft. Mehr Gerechtigkeit. Mehr Solidarität. Mehr Nachhaltigkeit. Mehr Sparsamkeit. Wer mag da widersprechen? Doch bleibt die Wertedebatte mit ihrem großen Pathos in der Regel folgenlos. Wer packt sich schon an der eigenen Nase, wenn das Gespräch auf die Selbstbedienungsmentalität und Brutalität im Alltag, auf die Moral von Bankern, Politikern, Ärzten, Priestern, der Kinder anderer Leute oder wen auch immer kommt. In dieser Debatte hat jeder recht, wenn er mit den Fingern auf den Anderen zeigt, nur anders. Da wird aus reiner Verlegenheit schon mal das Grundgesetz zum einzig verbindlichen Tugendkatalog. Nur: Auf diesen Katalog können sich so ziemlich alle Bürger einigen, die je in einer Ausgabe der deutschen Verfassung geblättert haben.

Tugenden sind freilich keine Gesetze, Prinzipien oder Normen, die man anwenden oder verordnen kann. Es gibt auch kein Gericht, das über ihre Einhaltung wacht. Als Haltungen zum Leben sind Tugenden von denen, die diese Haltung zeigen, genauso wenig zu trennen wie von dem Kontext, in denen sie zum Tragen kommen. Die Alltagspraxis ist ihre Probe aufs Exempel. Sie verkörpern eine innere Einstellung und bringen sie so zum Ausdruck. Ob eine Haltung angemessen ist oder nicht, kann man erst im Nachhinein sagen. Deshalb lassen sich Haltungen auch nicht diktieren oder verabschieden. Im Übrigen wäre das eine ziemlich trostlose Gesellschaft, der nur noch das Recht als letzte geteilte Orientierung übrig bliebe.

Tugenden brauchen keine Richter und keine Wächter. Tugenden brauchen Charaktere, also im Wortsinn geprägte Persönlichkeiten. Schon das Konzept der Persönlichkeit gilt heute vielen als veraltet. Identität gibt es, glaubt man den professionellen Gesellschaftsbeobachtern, Sozialwissenschaftlern und Psychologen, nur noch im Modus des Versuchs, des Fragments oder der geliehenen Rolle auf Zeit. Ein Selbst auf Probe, das immer nur experimentiert und die eigene Existenz im Status des »als ob« belässt, kann auf Dauer aber keine Haltungen entwickeln, schon gar nicht, wenn es zu ernsten Bewährungsproben kommt. Die Ausflucht in ein neues Selbst, in eine bequemere Position, eine neue Inszenierung des Selbst läge ja immer näher als das

Durchhaltevermögen gegen innere und äußere Widerstände. Haltung, die Halt gibt, muss sich dann besonders bewähren, wenn der Boden wackelt, der klare Horizont verschwimmt und die eigene Position zu halten mit Anstrengung verbunden ist. Vielleicht treten die alten christlichen und abendländischen Tugenden deshalb nicht aus dem Schatten der großen ethischen Debatten. Sie wirken zu kümmerlich für die Größe der gegenwärtigen Herausforderungen und stellen gleichzeitig zu große Anforderungen an das eigene Involviertsein, und sei es auch noch so bescheiden. Haltung stellt sich nicht von einem Moment auf den anderen ein, sie braucht Zeit und einen in Ruhe gebildeten Lebenslauf.

Vor allem gilt: Wer mit den Tugenden anfängt, fängt immer bei sich selber an. In den inneren Haltungen, die Halt geben, setzt eine Person sich immer selbst ein und sich selbst aufs Spiel. Das ist gut und schön, kann aber auch riskant werden. Nicht einmal Patentrezepte fürs »Schöner Wohnen« in einer unbehausten Welt versprechen die eingeübten Haltungen, und schon gar nicht das ersehnte Glück, das allenthalben als garantierter Bonus auf den richtigen Lebensstil gehandelt wird.

Im gegenwärtigen Glücksdiskurs hat sich längst eine klammheimliche Erweiterung des Guten angebahnt. Gut sein hatte es lange mit der Beziehung des Menschen zu anderen Menschen zu tun. Wenn sich beim Helfen, Zuhören, Heilen auch beglückende Gefühle einstellen, um so besser. Zum Maßstab des Guten wurden sie nicht. Im Gegenteil: Echte Moral musste wehtun. Wer ein Ehrenamt hatte, durfte nicht zugeben, dass es Spaß machte und Anerkennung brachte, für andere da zu sein. Glückssuche war ein unlauteres Motiv. Das ist durchaus im Sinne Kants gesprochen, der einer Handlung schon dann ihren moralischen Charakter absprach, wenn sie Vergnügen bereitete. Schiller hat darüber einen Spottvers gedichtet: »Gerne diene ich den Freunden, doch tue ich es leider aus Neigung. Und so wurmt es mir oft, dass ich nicht tugendhaft bin. Da ist kein anderer Rat, du musst suchen, sie zu verachten. Und mit Abscheu alsdann tun, wie die Pflicht dir gebietet.« Diesen Rat braucht heute keiner mehr. Das Verhältnis des guten Lebens zum eigenen Glück hat sich von Grund auf verändert. Es verbindet sich nun vor allem mit der Suche nach dem eigenen Glück. Die Moral ist gewissermaßen von ihrer Außenorientierung nach innen gewandert. Was die anderen denken, ist kein Argument. Wie ich mich dabei fühle, ist entscheidend. Deshalb wird jede Handlung nun schamlos darauf befragt, ob sie Vergnügen bereitet. Wer sich freiwillig engagiert, darf nun auch öffentlich nach dem fragen, was für ihn selbst herausspringt. »Tue Gutes und rede darüber« ist nicht nur das Motto großer Unternehmen, die so ihr Image aufbauen. Es gilt auch im Privaten. Die Innenwelt soll schön eingerichtet sein. Man will sich mit sich selbst wohlfühlen. Diese Entwicklung hat ihr Gutes. Wer stets verleugnet, dass eine Haltung zu haben auch Freude macht und das Geben auch den Gebern gibt, ist ganz schön verlogen. Ehrenämter und das Engagement für die Gesellschaft schenken denen, die sich engagieren, Anerkennung. Das Ich ist immer im Spiel, auch wenn es volle Kraft um den Anderen geht. Doch wenn Lebenshaltungen zur individuellen Geschmacksfrage verkommen, halten sie keiner ernsthaften Probe mehr stand. Deshalb ist die Rede vom guten Leben als Lebenskunst auch in hohem Maße missverständlich.

Lebenskunst und Lebensstil verweisen darauf, dass Haltungen zum Leben sich nicht zufällig einstellen oder eben nicht. Sie entspringen jedoch nicht einer Naturbegabung oder einem Ausnahmetalent, das wenigen mitgegeben ist und den anderen nicht. »Kunst« meint, dass Lebenshaltungen eingeübt, bedacht und gestaltet werden müssen. Sie brauchen Widerholung und die Lust an der Variation, kontinuierliche Selbstbeobachtung vor dem Spiegel und sanfte Korrektur. Lebenshaltungen wachsen aus der Lust, sie in neuen Situationen auszuprobieren. Als Haltungen erwachsen aus der inneren Freiheit, sie entstehen aus der Souveränität über das eigene Handeln, das auch noch das mögliche Scheitern an den eigenen Ansprüchen im Blick behält und nicht nur nach dem schielt, was »man« gerade so macht.

Die inneren Haltungen erwachsen nicht der Angst oder der demonstrativen Wiederholung guter Vorsätze. Natürlich ließ sie sich vom Zustand der Welt auch verstören. Was Menschen Menschen antun können, machte sie oft traurig und manchmal richtig wütend. Aber ihre innere Haltung lebte von der Freude an dem, was sein soll. Der Maßstab des christlichen Glaubens machte sie nicht verkniffen, sondern frei, sich mit dem, was ist, nicht abzufinden und ihren eigenen Beitrag nicht gering zu schätzen. Wenn diese Haltung gegen die grassierende Lethargie närrisch ist, dann war sie eine Närrin. Sie glaubte nämlich, dass das, was ist, nicht alles ist. Dieser Glaube war so etwas wie die Triebfeder ihrer Grundhaltung zum Leben.

Deshalb wäre es zu kurz gegriffen, ginge es der christlichen Lebenskunst nur um die eigene Befindlichkeit und ein gesteigertes Wohlgefühl in einer unbehaglichen Welt. Aus der Ethik der Sorge ist längst eine Technik der Selbstsorge geworden. Manch eine vergessene Lebenshaltung tritt nämlich überraschend und in neuem Gewand wieder auf, weil der mentale Wellnessboom sie wiederentdeckt hat. So wird als exotischer Import aus Fernost plötzlich schick, was als Überlieferung der christlichen Tradition abgestanden wirkte: Tugenden wie Achtsamkeit, Güte oder Gelassenheit. Sie werden neuerdings als Mittel der individuellen Stressbewältigung und des »Selbstmanagements« in Gesundheitskursen von Krankenkassen angeboten, als geistige Gymnastikeinheiten zur Vorsorge gegen Spannungskopfschmerz und Herzkreislaufbeschwerden. Für die Versicherten gibt es Bonuspunkte.

In der Regel wird das, was unter »Anstand« und »gutem Benehmen« kursiert, leider aber immer noch auf Etikette und gesellschaftsfähige Schicklichkeit reduziert. Das ist beinahe tragisch, denn in der zweiten Hälfte des 20. Jahrhunderts wurden der Anstand und die Haltungen, die aus den Tugenden erwachsen, mit dem forschen Hinweis verabschiedet, auf leere Formeln und hohle Freundlichkeit könne man in Zukunft verzichten. Authentisch, spontan und frei sollte es endlich in der Gesellschaft zugehen. Tugenden waren nun der Inbegriff für die verkorkste Spießigkeit der fünfziger und sechziger Jahre, für überkommenen Tanzschulbenimm und die Moral der Lehrer, die immer noch im Ton der Kaserne unterrichteten.

Das Zerrbild der Tugenden als bloße gesellschaftliche Konvention hat sich merkwürdigerweise noch in ihrer Wiederentdeckung gehalten. Zu dem Ausverkauf der alten Tugendlehren gehört deshalb im Grunde auch die Renaissance der Sekundärtugenden. Sie werden zur Begleitausstattung der apostrophierten neuen Bürgerlichkeit. »Disziplin« steht plötzlich ganz oben auf der Agenda der Erziehungsberater. Das wäre ja bedenkenswert, wenn das Abgeleitete kein Selbstzweck bliebe, wie bei der TV-»Supernanny«, die zur Unterhaltung eines Millionenpublikums Woche für Woche die Wohnung einer seelisch verwahrlosten Familie betritt. Vor laufender Kamera greift die Mary Poppins des modernen Fernsehens in die Werkstattkiste einer Pädagogik, um mit ein paar Handgriffen und der nötigen Strenge sowie reichlich humorlos in zwei Tagen eine kaputte Kinderseele zu reparieren. Dahinter steckt oft genug die Botschaft, mit Liebe und Verständnis sei man nicht weit gekommen, jetzt müssten wieder andere Seiten aufgezogen werden. Als litten Kinder, die nicht regelmäßig essen, die sich kaum artikulieren können und die Schläge ihrer Eltern an die jüngeren Geschwister abgeben, an einem Überschuss an Zuneigung. Als pädagogische Sozialtechniken sind die alten Tugenden höchstenfalls Begleiterscheinungen einer gesellschaftlichen Verlegenheit, der mit Patentrezepten offenbar nicht beizukommen ist.

Sekundärtugenden wie Pünktlichkeit und Gehorsam sollen wieder Ruhe in die Klassenzimmer bringen, wo kleine Tyrannen sich an die Macht geputscht haben. Am Nachmittag schicken verunsicherte Eltern ihre Kinder zu Damen mit Adelstitel, die den Sprösslingen mit übereinandergeschlagenen Beinen das Benehmen beibringen, das beim zukünftigen Geschäftsessen erst die Anerkennung der Gäste und dann einen ordentlichen Vertragsabschluss sichern soll. Mit Manieren und Tugenden zum Glück wirbt eine »Agentur des guten Benehmens«. Das Versprechen von gesellschaftlichem Erfolg reicht offenbar nicht mehr, es muss schon ein Heilsversprechen her. Messerbänkchen und kleines Schwarzes, Tischordnung und Smalltalk – die äußere Form ist längst ein Stoff, aus dem eine ganze Benimmindustrie entsteht. Mit diffusen Ängsten vor dem ökonomischen Abstieg der so genannten Mittelklasse lässt sich längst gutes Geld verdienen. Die Zielgruppen könnten auf den ersten Blick unterschiedlicher nicht sein. Die schwarze Tugendpädagogik kümmert sich um die, die Angst und Frustration mit dem Nachmittagsfernsehen betäuben. In der edleren Variante bietet sie sich denen feil, die aus ihrer Sorge ehrgeizige Ambitionen machen und sich selbst das Etikett gesellschaftlicher Elite aufkleben. Sicheres Auftreten, so die Botschaft, ist die beste Versicherung gegen die Fallstricke unsicherer Zeiten, als könnte der souveräne Gang über das glatte Parkett in Großraumbüros und Theaterfoyers vor der Fassungslosigkeit schützen, die angesichts der Angst um Arbeit, Auskommen und um die Zukunftschancen der nächsten Generation um sich greift.

DER ANDERE KNIGGE

Der Erfolg der Beratungsbücher mit Knigge als Zauberwort im Titel verdankt sich einem Missverständnis. Deshalb bedarf es einer Rechtfertigung, wenn der Hinweis auf Knigge auf Anderes hinaus will als auf ein Handbuch guten Benehmens. Knigge muss so als Namensgeber für die neue Anstandskultur herhalten, die hauptsächlich aus Vermeidungsstrategien für jede Art von gesellschaftlichen Fettnäpfchen besteht, selbstredend angereichert durch ein paar Probleme von heute. Bücher mit Knigge im Titel haben Erfolg. Erziehungsknigge, Bewerbungsknigge, Küchenknigge, Kirchenknigge – der Name verheißt handhabbare Tipps für den Dschungel des Alltags, ein Nachschlagewerk des guten Überlebens. Wie begrüße ich den Mann meiner Chefin? Darf ich mich mit einer telefonischen Kurznachricht von meiner Freundin trennen? Muss ich die neue Frau meines Exmannes zur Konfirmation der Tochter einladen? Gilt »Ladies first« auch nach der Neuordnung der Geschlechter noch oder fährt sich der Mann, der nur höflich sein will, empörte Blicke und böse Worte ein? »Bin ich etwa behindert?«, musste sich ein Freund anfahren lassen, als er einer Kollegin den Vortritt ließ. Mit solchen Fragen schlug sich der Freiherr aus Bredenbeck noch nicht herum. Die soziale Welt ist in den letzten zweihundert Jahren noch einmal deutlich unübersichtlicher geworden. Viel mehr als Ratschläge, die Ordnung ins Chaos bringen, ist indes von seinem berühmten Buch »Über

den Umgang mit den Menschen« in den neuen Knigges nicht mehr übrig. Es wurde seit dem 19. Jahrhundert von Auflage zu Auflage immer kürzer. Zu seinen Lebzeiten galt Adolph Freiherr Knigge (1752–1796) nicht als Pädagoge, schon gar nicht als Experte für Esskultur oder als Berater fürs gehobene Management. Er war ein Rebell und ein Freigeist, der sich um den Zusammenhalt der Gesellschaft sorgte. Der Jurist und Abenteurer, Romanautor und satirische Kritiker aus Norddeutschland sympathisierte auch da noch mit der Französischen Revolution, als im Nachbarland schon Köpfe rollten und aus der Freiheitsbewegung der blanke Terror wurde. Die monarchischen Herrscher hatten sich in seinen Augen endgültig diskreditiert. Zu himmelschreiend die Ungerechtigkeit, zu ärgerlich die politische Ohnmacht des Volkes. Knigge, der Adelige, liebte die neugewonnene Freiheit des Bürgertums, die zumindest in den Gedanken um sich griff. Deshalb nahm er die Furcht seiner Mitmenschen ernst, die nach Orientierung und Halt in einer Welt suchten, in der die alten Normen und Ordnungen zusammenzubrechen drohten. Das späte 18. Jahrhundert war nicht nur die Phase von Optimismus und Aufklärung. Die rasanten Entwicklungen in Wirtschaft und Politik hoben alt vertraute Sicherheiten aus den Angeln und hinterließen Ungewissheiten, die zu sozialem Sprengstoff zu werden drohten. Die Throne der Fürsten wackelten ebenso wie die religiösen Überzeugungen.

Woran soll man festhalten, wenn der eigene Lebenslauf in die Mühlen der Weltgeschichte gerät? Was gibt innere Sicherheit, wenn man auf einmal selbst seines Glückes Schmied sein soll? Worauf soll ich mein Leben bauen, wenn Traditionen bröckeln oder mutwillig zerstört werden? Wie kann man mit einem Nachbarn leben, dessen Gewohnheit und Kultur fremd und bedrohlich erscheinen? Die neue Freiheit bedarf der Gestaltung, wenn sie als persönliches Glück statt als Albdruck erfahren werden soll. Auf die Krise, die am Beginn der bürgerlichen Gesellschaft steht, antwortet er mit seinem Buch »Über den Umgang mit Menschen«. Den Sinn für Formen verdankt er der adeligen Herkunft. Als Höfling, der mit den Revolutionären sympathisiert, hat er sich allerdings in den adeligen Kreisen ziemlich unbeliebt gemacht. Er muss vor Zensur und polizeilicher Überwachung untertauchen und führt, wie viele andere kritische Geister seiner Zeit, ein unbequemes, am Ende sogar trauriges Leben. Doch aus seiner Überzeugung macht er keinen Hehl. Die neue Freiheit braucht eine Form, damit es sich in ihr und mit ihr gut leben lässt, glaubt er. Anarchische Verhältnisse und die Lust der Aufrührer an der Zerstörung jeglicher Ordnung hat er in Frankreich zu Genüge beobachtet. Haltlosigkeit folgt der nur äußerlich erlebten Freiheit als böser Dämon auf dem Fuße. Haltung kann nur aus innerer Freiheit wachsen, die weiß, woran sie sich hält, ohne nach neuen starken Führern, Heldinnen oder Leitfiguren Ausschau zu halten, die Sicherheiten garantieren und sagen, wo es lang geht.

»Über den Umgang mit den Menschen« ist deshalb schon auf den ersten Blick kein Buch über Etikette und gute Manieren geworden. Wer sich ins Original vertieft, das nicht unter Ratgeberliteratur, sondern in der Abteilung deutscher Klassiker zu finden ist, liest eine spannende wie amüsante Gesellschaftsstudie mit ernstem Unterton. Knigge fragt nach den inneren Haltungen des Menschen, die da Halt geben, wo äußerliche Regeln, Normen und Verhaltensweisen weggebrochen sind. Er macht Mut, das eigene Leben trotz der steigenden Unsicherheit beherzt anzupacken. Niemals wäre er auf die Ratgeber hereingefallen, die heute mit seinen guten Namen wuchern. Billigen Trost bietet er nicht an. Nichts »wird schon werden«. Der Halt für das eigene, fragile Leben kann nicht mehr an mächtige Institutionen abgewälzt werden. Das Individuum bleibt auf der Zumutung der neuen Freiheit sitzen und muss in sich selbst eine Ressource finden, aus der die Kraft zum Handeln kommt. Das klingt für mich so aktuell, als habe Knigge seinen Bestseller auf der letzten Buchmesse vorgestellt. »Sei nicht zu sehr Sklave der Meinungen anderer von Dir! Sei selbstständig! Was kümmert Dich am Ende das Urteil der ganzen Welt, wenn Du tust, was Du sollst? Und was ist Dein ganzer Prunk von äußerlichen Tugenden wert, wenn Du diesen Flitterputz nur über ein schwaches Herz hängst, um in Gesellschaften Staat zu machen?« Mit diesen Sätzen leitet er sein Buch über den Umgang mit Menschen ein. Wer Knigge auf äußere Konventionen reduziert, hat ihn nicht gelesen. Schon der Titel deutet an, wie Knigge die Akzente verlagert gegenüber dem, was heute seinen Namen beleiht. Ihm geht es nicht nur um das individuelle Wohlgefühl, um geselliges Betragen und ein paar Tipps für den guten Eindruck. Er fragte sich, wie Menschen mit Menschen umgehen sollen, damit eine Gesellschaft humaner wird. Der Nahbereich wird bei ihm zur

Probe aufs Exempel für eine humane Gesellschaft: Eltern und Kinder, Verwandte, Freunde, Verliebte, Wirte und Gäste, Geistliche, Gelehrte, Künstler und Kaufleute, Handwerker, sogar Haustiere treffen bei ihm aufeinander.

Wie Menschen mit sich selbst umgehen sollen, lässt er dabei nicht außer Acht. In ihrem ungeklärten Verhältnis zu sich selbst findet er eine Quelle für das Unbehagen an einer Welt, der sich viele nicht mehr gewachsen fühlen. Autoritäre Menschenführung ist seine Sache aber nicht. Er will nicht zwingen oder manipulieren, oder, wie es heute so schön heißt: coachen und trainieren. Eine gehörige Portion Skepsis über die Verbesserungsfähigkeit des Menschen prägt seine Abenteuer in die Niederungen des ganz normalen Alltags. Knigge reagiert mit seinem Entwurf auf die schöne neue Freiheit der Aufklärung, der Unsicherheit, Orientierungslosigkeit und Sinnverlust auf dem Fuße folgen. Das Gefühl, mit der eigenen Existenz auf schwankendem Boden zu stehen, bringt nicht nur den Einzelnen aus dem Lot. Das Übermaß an Möglichkeiten wird zu einem gesellschaftlichen Problem.

Viele seiner Überlegungen haben sich heutzutage überlebt. Sie sind einer Zeit geschuldet, in der die Moderne mit ihrem Ideal der gleichen Freiheit erst am Anfang steht. Da ist die Flucht in alte Hierarchien nur zu verständlich. Seine Hinweise zum »Umgang mit dem Frauenzimmer« oder dem »Umgang mit den Dienstboten« gehören in die Mottenkiste. Knigge rechnet auch noch nicht mit den tiefen Verwerfungen der Moderne. Er weiß noch nichts von der Monstrosität des Bösen, die sich ins Technische wandelt und gegen die eigenen Nachbarn wendet. Er kannte noch nicht die unendlich potenzierte Zerstörungsenergie, die zu unserer bitteren Erfahrungsmitgift des 20. Jahrhunderts gehört. Doch vom Zwang, der aus der Freiheit folgt, können auch wir ein Lied singen. Wo mehr oder weniger alles erlaubt oder zumindest alles geduldet ist, wo alles zur Wahl steht und hinter jeder Entscheidung die Möglichkeit einer besseren Option lauert, vom Jogurt bis zum Lebenspartner, da ist es schwer, die Kontur für das eigene Leben zu finden. Die Sehnsucht nach Orientierung ist genauso groß wie die Skepsis gegenüber denen, die Orientierung versprechen. Auch da könnte sich ja noch was Besseres finden. Wir mögen im Umgang mit der Freiheit deutlich routinierter geworden sein, ihre Fallstricke wickeln sich auch noch um unsere Füße. Wie kann Freiheit als Gestaltungsraum verstanden werden, dessen ungezäumte Ränder nicht als Bedrohung, sondern als Herausforderung vor weitem Horizont begriffen werden? Wie kann der politischen und gesellschaftlichen Freiheit einer offenen Gesellschaft, in der beinahe jeder Lebensstil möglich ist, eine innere Freiheit zur Verantwortung korrespondieren? Das Freisein von Bevormundung braucht das Wagnis der Selbstbestimmung. Dazu gehört auch, dass dieses verunsicherte Selbst sich nicht aus der Affäre zieht, sondern Position bezieht, sich zu seiner Welt klar verhält und für etwas geradesteht.

Die Grundhaltung von Knigges Lehre des menschlichen Umgangs ist auch zu Beginn des 21. Jahrhunderts noch ebenso aktuell wie unpopulär. Knigge orientiert sich zuallererst am Gemeinsinn, wenn er die Tugenden der antiken und der christlichen Tradition wiederbelebt. Seine Umgangslehre ist in ihrem Grundzug keine Anweisung zum privaten Lebensglück, sie ist im Kern politisch, auch wenn sie noch weit von den Vorstellungen einer demokratischen Gesellschaft entfernt ist. Haltung ist für ihn keine Privatsache. Hier knüpft er nahtlos an die alten Tugendlehren der Antike an. Tugenden mögen das Leben in den eigenen vier Wänden versöhnlicher, entspannter oder gar interessanter machen, akut werden sie vor allem auf dem Bürgersteig und auf dem Marktplatz, in der Schule und im Rathaus, also im öffentlichen Raum: da, wo Menschen die selbst gewählte Gemeinschaft verlassen und zur Gesellschaft werden, wo man sich nicht einfach aus dem Weg gehen kann, auch wenn man sich nicht kennt und erst recht nicht über den Weg traut. Argwohn, Unsicherheit und Befremdung sind der schwankende Boden, auf dem eine ausgeprägte innere Haltung gefragt ist. Die Bewährungsprobe dieser Haltungen besteht in unübersichtlichen sozialen Zuständen, im Klima des Misstrauens und der Furcht vor dem, der anders lebt. Knigge glaubt, dass Tugenden denen gut zu Gesicht stehen, die mit geradem Rücken Kinder unterrichten, Gerichtsurteile sprechen, Parteien führen, Talkshows moderieren oder Unternehmen leiten wollen. Hier liegt der wahre Sprengstoff von Knigge für die Gegenwart. Was wäre, wenn Geradlinigkeit und Geduld, Barmherzigkeit und Demut auch im öffentlichen Leben eingeübt würden? Was würde geschehen, wenn Wahrhaftigkeit und Diskretion eine neue Verbindung eingingen? Wie sähe unser Begriff von Wachstum aus, wenn das rechte Maß den Konsum bestimmt?

Schon gegen die Fragen lassen sich Einwände finden. Sind die guten alten Tugenden nicht nette Empfehlung aus einer längst vergangenen Welt, in der alle zumindest danach streben, für andere das Beste zu geben? Gut gemeint, aber nicht mehr tauglich für die komplizierte Welt von Egoisten, mit denen wir leben? Doch auch die Gesellschaft, mit der Knigge sich umgibt, ist alles andere als fein oder heil. Sie ist eine schamlose Ansammlung von Eselinnen und Ehrgeizlingen, von Hasenherzen, Krämerseelen und Trotzköpfen, die mir nur allzu bekannt vorkommen. Das sind Menschen, die sich auch heute noch im Hausflur, auf dem Schulhof, in der S-Bahn oder an der Kirchentür treffen. Keine Heroen der Moral, wie in den antiken Tugendlehren, die sich an aristokratischem Edelmut nur so überbieten und im jugendlichen Wettkampf an ihrer Vortrefflichkeit feilen, eher schon »schwankende Rohre auf zwei Beinen«, hin- und hergerissen zwischen Güte und Groll, Großzügigkeit und Kleinlichkeit, Boshaftigkeit und Freundlichkeit. Der Freiherr hat ein ziemlich realistisches Bild vom Menschen. Das macht ihn modern. Er teilt nicht den hochfliegenden Idealismus der Aufklärung, der Mensch sei unendlich verbesserbar, wenn er sich nur ordentlich zusammenreiße und an das Gute in sich glaube.

Er bleibt skeptisch und gibt den Menschen trotzdem nicht verloren. Dem guten Rat und der Einsicht zum Trotz folgen Menschen ihren Launen und bösen Absichten, sie hüpfen unversehns in Fettnäpfe, die so groß sind wie ein Gartenteich, und blamieren sich bis auf die Knochen. Sie schikanieren Schwächere, blasen sich auf und können sich selbst nicht leiden. Sie bereichern sich hemmungslos, lügen, ohne rot zu werden, und hintergehen sogar die, die ihnen anvertraut sind. Meistens sind sie einfach nur feige oder auf den eigenen Vorteil bedacht. Bei Knigge sind Trotzköpfe deshalb keine harmlosen jungen Mädchen, wie das gleichlautende Mädchenbuch glauben machen will, durch das der

Knigge auch als Erziehungsratgeber bekannt wurde. Als Trotzköpfe, die nichts auf Beratung und Korrektur geben, entlarvt er das so genannte Menschenführungspersonal, das sich mit der großen Verantwortung für andere brüstet und dabei nur an die eigene Macht denkt. Knigge ist in der Tat der Experte für »Menschen und Bestien«, wie Heinrich Heine ihm bescheinigte, nur ist auch der Mensch bei ihm immer beides zugleich, eine buchstäblich zwielichtige Gestalt, die in einem Moment als wunderbares Wesen mit der Möglichkeit zum Guten erscheint und im nächsten Moment wütet wie ein besinnungsloses Tier. Den Verdacht gegenüber der allmählichen Verbesserung des Menschengeschlechts verpackt er in vergnügliche Schilderungen, die ihren ernsten Hintersinn beiläufig transportieren. Wie die Satire auf die gestandenen Männer auf der Höhe ihres Erfolges. Sie werden bei Knigge als Spätpubertierende entlarvt, die nur um sich selber kreisen: Fürsten, Ärzte und Rechtsanwälte. Mehr Demut empfiehlt Knigge der Führungsschicht seines Landes und nicht ihren widerspenstigen Töchtern.

Der Freiherr übersetzt die großen alten Tugendtraditionen in seine Zeit, weil er glaubt, dass Menschen so auf unsicherem Gelände inneren Halt finden. Machen diese Lebenshaltungen erst einmal Schule, so muss man sich auch um den Zusammenhalt einer auseinander strebenden Gesellschaft nicht ganz so viel Sorgen mehr machen, hofft er in aller Bescheidenheit. Sie sind Dämme gegen die innere und äußere Unordnung, die auf falscher Freiheit gebaut sind. Wer Haltung zeigt, spannt einen Schonraum um sich und schont damit auch den Anderen. Er wird verträglicher und kann sich ohne Angst um sich dem Anderen zuwenden.

Diese Lebenshaltungen sind im Grunde genommen schon im 18. Jahrhundert altmodisch. Vielleicht waren sie es immer. Die großen Geister unter seinen Zeitgenossen fragen nicht mehr allein nach guten Gewohnheiten, wie die adeligen Prinzenerzieher bei Hofe. Als Moralphilosophen suchen sie nach letzten Gründen für das, was vernünftigerweise richtig ist: ein universales Sittengesetz, das allen immer und überall gilt. Sie suchen nach der Objektivität der Moral. Knigge scheint sich mit deutlich weniger zufrieden zu geben. Deshalb haben ihm viele gelehrte Leser damals vorgeworfen, er bliebe hinter den intellektuellen Möglichkeiten seiner Zeit zurück, wenn er sich im Alltagseinerlei verliere. Vermutlich stimmt der Vorwurf sogar. Ein Gelehrter wollte Knigge ebenso wenig sein wie ein theologischer Sittenlehrer, eher schon ein gewitzter Volksaufklärer, der die Popularität nicht scheut und das Lachen über die Schwächen der Menschen heilsam findet. Der akademischen Denkarbeit zeigt er eine lange Nase. Dann steigt er pfeifend in die Geschichte hinab und sucht dort unverdrossen nach alten Schätzen, die er am Boden der Tradition findet. Der christliche, der griechische und der römische Einfluss gehen bunt durcheinander. Ihre Herkunft interessiert nicht. Interessant ist, ob sie für den ganz normalen Wahnsinn des Alltags hilfreich sind: Großherzigkeit und Güte, Freundschaft und Witz, Treue, Dankbarkeit, Demut und Sprachgefühl. Sie erweisen sich für ihn als kostbares Erbe, das ungehoben zu lassen geradezu fahrlässig wäre. Sein »Umgang mit dem Menschen« stellt die Reichtümer aus, die er gehoben hat, kleine Preziosen, die jede Zeit neu zum Glänzen bringen müssen, damit Humanität gelingt.

HÖFLICHKEIT

Die inneren Haltungen, die in verzwickten Situationen des Alltags Halt geben, hätten neben den großen Vokabeln von der »geistigen Wende« und den »neuen Werten« so mickrig ausgesehen wie die launigen Schilderungen eines Knigge gegenüber dem hohen Ton der Moralphilosophie. In seiner Studie über den Umgang mit den Menschen finde ich manch eine dieser unauffälligen Haltungen wieder. Einige Haltungen sind scheinbar nicht einmal der Rede wert. Wie die Höflichkeit oder die Freundlichkeit. Entweder versteht sie sich von selbst oder sie ist nur eine heuchlerische Haltung dem Mitmenschen gegenüber, die man der Ehrlichkeit halber auch lassen könnte, sollte man meinen. In der Tat spricht ein schnell daher gesprochenes »Dankeschön« nicht automatisch für tief empfundene Dankbarkeit. Und das dem Nachbarn über den Zaun gerufene »Wie geht es Ihnen?« ist noch keine Einladung zu einem tieferen Gespräch. Sind diese Verneigungen vor der Konvention nicht letztlich Ausdruck einer tiefen Verlogenheit? Man kann es auch anders sehen. Dann wäre Höflichkeit der erste Schritt zur praktischen Nächstenliebe. Der Gedanke ist eigentlich kinderleicht nachvollziehbar. Wer jemandem die Tür aufhält, zwingt sich selbst zu dem Respekt, den er vielleicht gar nicht aufbringen würde, wenn er nur einer spontanen Laune folgte. Da geriete schnell einmal wie aus Versehen ein Fuß zwischen die Tür, aus Unachtsamkeit oder aus Böswilligkeit.

Der, der da vor einem durch die Tür gehen soll, hat mir vielleicht gestern den Parkplatz vor dem Büro vor der Nase weggeschnappt. Ein blauer Zeh wäre doch eine schöne Rache. Wer sich einmal auf die kleinen Boshaftigkeiten einlässt, die einem den lieben langen Tag so durch den Kopf spuken, dem leuchtet schon eher ein, wie wichtig eingeübte Gesten sein können. Sie schützen uns selbst vor den düsteren Impulsen und verschaffen uns Luft, sie mit routinierten Handgriffen zu übergehen. Sympathie hat ein leichtes Spiel mit der Höflichkeit. Freunde und Verliebte sind von allein zuvorkommend und behandeln einander rücksichtsvoll. Vom Anderen her zu denken und eine Situation so zu gestalten, dass sie dem geliebten Menschen das Leben erleichtert, ist selbstverständlich. Im Umgang mit Fremden ist das schwieriger. Wenn dunklere Neigungen im Spiel sind, sind Haltungsübungen unter Umständen anstrengend. Da helfen eingeübte Rituale und kleine Konventionen.

Viel spricht dafür, dass eine innere Haltung, die den anderen schont, auch wenn der sich nicht so leicht ertragen oder gar lieben lässt, von außen nach innen wächst.

Adolph Freiherr Knigge glaubte, mit Höflichkeit ließe sich sogar ein Bürgerkrieg verhindern. Diese Aussage zeugt nicht nur von der Freude des Autors an zugespitzten Formulierungen. Höflichkeit entschärft angespannte Verhältnisse zwischen Nachbarn und hält Routinen des Verhaltens im Umgang mit Fremden. Knigge weiß, dass ungebremste Aufrichtigkeit im schlimmsten Fall zu Mord und Totschlag führt. Das vermeintlich nur Äußerliche, die kleine Geste, ist zwar fast nichts, aber eben nur fast. Natürlich ist eine eingeübte Grußformel, dieses Zeremoniell des Unwesentlichen, für sich genommen noch keine Tugend. Eher schon ist Höflichkeit eine Art Dehnungsübung für die innere Haltung des Respekts, der sich allmählich aufbaut wie ein trainierter Muskel, der mit jeder Übung belastbarer wird.

Niemand sollte diese kleinen Gesten deshalb auf die moralische Goldwaage legen. Aber sogar Immanuel Kant, der große Philosoph der Pflicht und der reinen Vernunft und ein Zeitgenosse Knigges, stellt fest, dass sie als »Kleingeld« eine Währung des Alltags sei, die niemand geringschätzen solle, dem es um die Moral einer Gesellschaft geht. Knigge stellte den Richtungssinn der Höflichkeit allerdings auf den Kopf. Aus der Konvention der Ehrerbietung vor dem Ranghöheren, den Älteren oder dem Vorgesetzten wird eine wechselseitige Form des Umgangs. Bei ihm sollen nicht nur die Kinder höflich gegenüber den Erwachsenen sein. Höflichkeit, Rücksicht, zuvorkommendes Handeln gilt auch für die Älteren. Als innere Haltung der Achtung des Gegenübers geht die Geste bei Knigge immer in beide Richtungen, als Antwort, die jeder jedem schuldig ist. So werden kleine Gesten noch vor den großen Worten zu einer Zeichensprache für die Würde eines jeden Menschen, die im Alltag ihren Zauber entfaltet.

Das ist auch für eine moderne pluralistische Gesellschaft wie der unseren eine Überlegung wert. Täglich prallen Lebensformen aufeinander, die unvereinbar scheinen. Schließlich kann man nicht mehr davon ausgehen, dass die eigene Lebensform vom anderen noch verstanden oder gar geteilt wird. Das beginnt bei der Religion und endet bei der Einrichtung des Wohnzimmers. Man müsste mal zählen, wie häufig im Laufe des Tages das instinktive Kopfschütteln die spontane Reaktion ist. Wenn wechselseitige Anerkennung oder gar Zuneigung und Verständnis nicht zu haben sind, ist Höflichkeit eine unspektakuläre Leitwährung, mit der sich so manch ein Konflikt zwar nicht unbedingt lösen, aber immerhin befrieden lässt. Das ist nicht viel, aber unter diesen Umständen wahrlich nicht nichts. Was als Geste beginnt, kann sich im besten Fall allmählich zu einer Überzeugung entwickeln. Eingeübte Gewohnheiten können der erste Schritt zu einer inneren Haltung werden, die den Anderen anders sein lassen kann, ohne dieses Anderssein als Angriff auf die eigene Lebensart zu verstehen. Dafür braucht es das richtige Maß von Abstand und Nähe. Nur so verringern sich die Reibungsflächen, die unter Umständen Ärger in Aggression umschlagen lassen. Es braucht jede Menge Taktgefühl, um in einer Gesellschaft zu leben, in der die eigene Freiheit bei der Freiheit des Anderen eine Grenze hat und Meinungsverschiedenheiten zum guten Ton gehören, in Parlamenten, in Konferenzen und beim Abendbrot mit der Familie.

Knigge würdigt Höflichkeit, Takt und Freundlichkeit nicht um ihrer selbst willen. Für ihn gibt es eine tiefe Verbindung von äußerlichen und inneren Haltungen. Deshalb trägt dieses Tugendbrevier seinen Namen im Untertitel. Wer jede äußere Geste, jedes Ritual, jede Konvention für unehrlich, aufgesetzt und überflüssig hält, unterschätzt diesen Zusammenhang. Haut und Hemd lassen sich nicht so leicht auseinanderhalten, hat Michel de Montaigne, der französische Moralist und Wahlverwandte des Freiherrn Knigge, einmal gesagt. Wird diese Verbindung allerdings auf Kosten der inneren Haltung unterschlagen, bleibt nur das Hemd und damit die bloße Selbstinszenierung übrig und mit ihr die ständige Sorge, jemand könnte hinter die Fassade gucken. So bleibt der Anstand innen hohl. Beim kleinsten Gegenwind fällt er in sich zusammen, weil das Gerüst die Belastung nicht tragen kann. Genaugenommen sind auch die Tugenden meiner Großmutter nichts anderes als eingeübte, ja manchmal den inneren Widerständen abgetrotzte Haltungen zum Leben, die oft nur in einer kleinen Geste Ausdruck fanden. Eine Handbewegung kann ja auch genügen, um jemandem Vertrauen einzuflößen. Es braucht nicht einmal gute Worte.

Die Gesten, die innere Freiheit ermöglichen und den Druck aus alltäglichen Situationen nehmen, mögen unscheinbar sein, unbestimmt sind sie deshalb keineswegs. Das gilt auch für die Tugenden selbst. Man kann sie benennen, ihre Bedeutung ausloten, ihre Vorzüge diskutieren, in Frage stellen oder verteidigen. Sie haben eine spannende Geschichte und ein kompliziertes Verhältnis zueinander. Großzügigkeit und Gerechtigkeit können sich auch mal in die Quere kommen. Das macht die Tugenden angreifbar und wunderbar konkret.

Deshalb ist man mit den Tugenden nicht unbedingt auf der richtigen Seite. Tugenden sind keine festen Größen, die man hat oder nicht hat wie einen guten Vorsatz, ein Prinzip oder ein Regelwerk, das, einmal angeworfen, läuft wie geschmiert. Sie sind dehnbar und beweglich, um die Situation, in der sie sich zu bewähren haben, auch zu treffen. Wären sie statisch, wären sie keine Tugenden. Deshalb können sie auch flugs in ihr Gegenteil umschlagen. Mitleid wird schnell verletzend. Großzügigkeit kann in Nachlässigkeit kippen, Besonnenheit sich zur Trägheit neigen, Demut pfahlgrad in Hochmut münden. Es ist deshalb gar nicht so einfach, das, was mit Tugend gemeint ist, auf den Begriff zu bringen, auch wenn ihre Namen zur Verfügung stehen. Sie sind nämlich in sich doppelbödig. Die Laster folgen ihr wie ein Schatten. Ein Schatten lässt sich nicht abschütteln oder von seinem Gegenstand getrennt betrachten. Tugenden, als innere Haltung verstanden, sind deshalb immer ein Drahtseilakt ohne doppelten Boden. Sie sind heikle Balancen, die von gefühlskalten oder besonders konsequenten Menschen nicht gehalten werden können, weil sie nicht beweglich genug sind. Wer nie von einer Position abweicht und nur die Verhaltensblaupause vor Augen hat, die er sich am grünen Tisch zurecht gelegt hat, ohne auf das zu achten, was vor den Füßen liegt, fliegt schnell auf die Nase, auch wenn das Konzept seines Handelns in sich stimmig ist. Wo es an Sensibilität, Augenmaß und geistiger Beweglichkeit mangelt, verliert man schnell das Gleichgewicht. Jede vermeintliche Tugend kann sich in ihr Gegenteil verwandeln. Tugenden sind deshalb immer nur eine provisorische Moral, die je und je neu justiert werden muss. Das macht sie so alltagstauglich.

HALTUNG DES HERZENS

Martin Luther hat für diese Haltung der beweglichen Balance das schöne Wort von den »Haltungen des Herzens« geprägt. Deshalb hat er auch vehement daran erinnert, dass man sich in seiner Tugendhaftigkeit nie zu sicher sein sollte. »Es gibt keine Tugend, die nicht mit Hochmut oder Verzweiflung, das heißt: Sünde verbunden wäre«, hat er den Tugendtheologen seiner Zeit entgegengehalten, die nach der Ideallinie für die beste Lebensart suchten. Haltungen des Herzens sind Indizien einer inneren Lebenshaltung, die weniger als konsistentes Werteprogramm oder als Moralpredigt denn als bewährte Alltagspraxis daher kommt, die sensibel bleibt für die wechselnden Anforderungen des Lebens.

Von der tiefen Bedeutung der Rede vom Herzen ist nicht viel mehr übrig geblieben als Schokoladenkonfekt und Infarktprävention. Als kitschige Embleme auf Grußkarten haben Herzen optisch überlebt, doch viel von dem reichen Erfahrungswissen, das sich mit dem Wort verbindet, ist verlorengegangen. Umgangssprachlich haben sich zum Glück noch Reste alter Weisheit erhalten. Das sei herzlos gewesen, attestieren wir jemandem, der kühl und ohne Mitgefühl gehandelt hat, wer im Gegenteil in eine verfahrene Situation mutig eingreift, der handelt »beherzt«. Das Herz ist schon in der Bibel weniger ein Muskel als eine Art innerer Sinn. Dieses Sinnesorgan macht den Menschen genaugenommen erst zum Menschen. Als innerer Sinn reagiert es

nicht nur auf äußere Reize. Es folgt aber auch anderen Gründen als der Verstand, obwohl sich das Herz sich als erstaunlich vernünftig erweist. Das Herz ist der Sinn, der uns offen hält für das, was um uns herum geschieht. Es ist das Organ der Verbindung zwischen mir und der Welt, buchstäblich der Sinn für das, was zwischen Menschen geschieht, das »Zwischenmenschliche«. Heute wäre das Herz das Organ der Empathie, der Fähigkeit der Einfühlung in den Anderen, in den Moment, in den Kontext, der über die Deutung einer Situation entscheidet. Emotionale Intelligenz nennen die Psychologen diese Fähigkeit. Bei Knigge ist das in der bildreichen Sprache des 18. Jahrhunderts »kluge Feinfühligkeit«. Das hat nichts mit Sentimentalität oder Rührseligkeit zu tun, die man sich in den meisten Situationen nicht leisten kann. Als sensibles Organ urteilt das Herz, ohne zu rechnen. Deshalb unterscheidet sich das Kriterium seines Urteils von der Logik des Kalküls, ist aber in seiner Urteilskraft mindestens so bedeutend. Wie wir eine Situation einschätzen, was uns am Gegenüber berührt, was uns aufmerken lässt, was uns aufmerksam bleiben lässt, das braucht Herz. Dieser innere Sinn kann komplexe Zusammenhänge in einem Augenblick erfassen und muss sie nicht auflösen oder zu Ende analysieren. Das Herz nimmt sie wahr, schätzt sie ein und lässt sich berühren. Tugend nimmt hier, in der Mitte unserer Existenz, im Herzen, ihren Ausgang. Sie bewährt sich immer nur im

»hier und jetzt«, mitten in der Erfahrung. Deshalb ist auch Tugend nicht im Vorhinein berechenbar. Sie passt in keine Kasuistik. Sie macht Umwege, wo es nötig ist, und muss nicht mit dem Kopf durch die Wand wie ein Prinzipienreiter. Die Wirklichkeit gleich oft eher einem Labyrinth als einer geraden Strecke. Haltungen, die sich im unübersichtlichen Gewebe der Erfahrungen bewegen, leben von der Flexibilität und Spontaneität. Sie sind nur in der steten Bewegungsbereitschaft überzeugend, in immer neuen Spielarten und unbegrenzter Geschmeidigkeit, wie schon Thomas von Aquin den Tugenden attestiert. Was hinter der nächsten Kurve liegt, bleibt ja verborgen. Die Ordnungsfanatiker der Moral hat er deshalb zurückgepfiffen: »Tugenden vervielfältigen sich auf mannigfache Weise gemäß der Verschiedenheit der Menschen und ihrer Geschäfte.« Wer sich in dem unwegsamen Gelände des Alltags mit Haltung bewegt und den Kopf gerade hält, zeigt »moralische Eleganz« (Georg Franck).

Zu den Tugenden gehört das Wissen darum, dass Menschen an ihren moralischen Ansprüchen scheitern. Auch ihr Herz versagt, und sei es noch so groß. Besonders für Menschen, die helfen wollen, die etwas bewegen wollen, die einen Unterschied machen in der Welt, ist das oft ein schwer erträglicher Gedanke. Ihr moralischer Perfektionismus macht ihnen das eigene Scheitern unendlich viel schwerer als skrupellosen Mistkerlen. Doch wer sich der Möglichkeit des eigenen Fehlens nicht stellt, wer aus dem Gutseinwollen einen moralischen Hochleistungssport macht, der wird erst süchtig nach dem guten Gewissen wie die Marathonläufer nach dem Adrenalin, und ist am Ende schnell erschöpft. Ein müdes Herz, auch wenn es noch so gut ist, kann schnell versteifen.

Oder es bricht. Das Ideal von der Selbstoptimierung ist deshalb im Grunde das größte Hindernis für die Lebenshaltung, die Freude hat an dem, was sein soll. Verbissenheit und innerer Druck machen aus der Lust eine Last. Und aus dem Tänzeln wird der schleppende Gang derer, die die ganze Welt auf den Schultern tragen müssen, weil sie bei anderen nicht gut genug aufgehoben ist.

Der Antrieb, aus dem sich eine solche innere Haltung dann speist, wäre nicht die Suche nach moralischer Höchstleistung in idealer Flughöhe, sondern die Freude an dem, was sein soll. Das Vergnügen daran, sich eine andere, bessere Welt vorzustellen, macht in banalen Alltagssituationen frei für Alternativen. Nicht als weltferne Utopie himmlischer Zustände, sondern als alltägliche Möglichkeit, die sie vom St. Nimmerleinstag auf das Datum des Tages verlegte, der gerade im Kalender stand. Tugend lebt, so gesehen, nicht in erster Linie vom Gehorsam oder von der Einsicht in ein höheres Gesetz, sei es nun göttlicher oder menschlicher Natur. Tugend braucht zuallererst Phantasie! Nur der Einbildungskraft kann es gelingen, einer ausweglosen Szene, in der zwei Menschen sich in ihrem Groll ineinander verbissen haben wie Hunde, eine andere Szene gegenüberzustellen, in der ein Ausweg für beide aufscheint. Plötzlich ist, zumindest im Kopf, eine neue Möglichkeit zum Greifen nah. Das ist auf den ersten Blick nicht viel und ersetzt noch keinen Therapeuten. Doch ist eine solche Art von Vorstellungskraft, die sich mit dem, was ist, nicht zufrieden geben will, die beste Medizin gegen den Fatalismus, der aus Menschen Misanthropen, Schwarzseher oder Zyniker macht. Resignation entsteht aus dem Mangel an Möglichkeitssinn.

FREIMUT

Dann sind da noch die preußischen Tugenden, die zwar kaum einer mehr erinnert, die dafür aber den schlechtesten Ruf von allen haben, weil sie für Duckmäuserei, blinden Gehorsam und die Unterdrückung echter Gefühle stehen, eine moderne Ritterrüstung für Obrigkeitsstaatlichkeit und Diktatur. »Damit kann man auch ein KZ betreiben«, hat vor vielen Jahren Oskar Lafontaine Helmut Schmidt entgegengehalten, als der Altkanzler in einem Interview für Tugenden plädierte. Er traf mit dieser Bemerkung durchaus einen wunden Punkt. Haltungen, die nicht mehr frei sind, weil sie von außen aufgezwungen werden, können in eine Diktatur der Tugend umschlagen, die Menschen beschädigt und manipuliert.

So wird der Gehorsam ohne Gewissen selbst zum Verbrechen. Lafontaine zeigte mit dieser Äußerung aber auch seine Ahnungslosigkeit. Disziplin, Sparsamkeit, Pünktlichkeit, Ordnungssinn und Pflichtbewusstsein unterstützen nur dann die fatale Neigung zu Kadavergehorsam und Duckmäusertum, wenn das eigene Gewissen als Maß des Handelns zum Schweigen verdammt ist. Als solche sind sie unverdächtig. Unser halbwegs friedvolles Zusammenleben kommt gar nicht ohne sie aus. Wer mit »Preußen« auch die Aufklärung verbindet, entdeckt Haltungen, ohne die weder ein demokratisches Gemeinwesen noch eine offene Gesellschaft funktionieren, denn das Pathos der Aufklärung be-

ginnt beim Einzelnen, da, wo ein Mensch sich seiner Abhängigkeiten bewusst ist und dennoch den Weg in die Mündigkeit wagt, also für sich selber spricht, wenn das im Zweifel ein Einwand gegen das Urteil ist, das eine große Menge oder mächtigere Leute gefällt haben. Für sich selber aus eigener Einsicht sprechen zu wollen, das ist in der Aufklärung ein aufrührerischer Gedanke. Er ist es noch.

Für mich gehört der Freimut deshalb zu den vornehmsten preußischen Tugenden, weil er sich fest an eine christliche Haltung gebunden hat. Seinen Ursprung hat er mit Sicherheit nicht da, wo Anpassung und blinder Gehorsam gefragt sind. Er ist die Haltung des kleinen Widerwortes und des großen Widerstandes. Der Apostel Paulus macht die innere Freiheit, der Wahrheit auf die Sprünge zu helfen, auch wenn diese Wahrheit auf unliebsame Resonanzen stößt, zum Kennzeichen des christlichen Lebensstils. »Ich schäme mich des Evangeliums nicht«, schreibt er in einem Brief an verunsicherte Freunde, die sich aus Angst um ihre Zukunft lieber auf die Zunge beißen, als öffentlich für ihre Überzeugung einzustehen. Wer sich nur Gott beugt und sonst niemand, kann getrost gegen die aufbegehren, die das Recht und die Überzeugungen anderer beugen, sollte man meinen. Doch so einfach ist es nicht. »Du sollst Gott mehr gehorchen als den Menschen?« Sagt Jesus? Seid untertan aller Obrigkeit, schreibt derselbe Paulus, der eine Lanze für den Freimut brach. Das Jesuswort kann gefährlich werden. Es wurde deshalb lange gegen das Pauluswort ausgespielt. So hatte man eine treffliche Entschuldigung, die Jahrhunderte lang als Ausrede taugte, um sich mit den herrschenden politischen Umständen zu arrangieren. Legt Euch nicht mit den Herrschenden an, Gottes Reich ist ja nicht von dieser Welt. Das passte haargenau zum obrigkeitsstaatlichen Denken, das in Deutschland Geschichte machte. Freimut stört das Arrangement. Er klingt unverschämt und genau so ist er auch gemeint. Mit ihm hat der römische Politikberater Cicero die Anfänge der Meinungsfreiheit begründet. Im 19. Jahrhundert, als Druckwerke noch die Zensurbehörden passieren mussten, war »Freimut« ein beliebtes Pseudonym von Schriftstellern, die um Leib und Leben fürchten mussten, hätten sie unter ihrem wahren Namen publiziert.

Das deutsche Wort klingt wie aus einem Roman von Fontane geklaubt. Ein schöner Begriff mit Goldschnitt, ein Klang aus einer längst vergangenen Zeit. Heute würde man zu dem, was mit Freimut gemeint ist, vielleicht Zivilcourage sagen. Das klingt weniger pathetisch und ist in aller Munde. Aber mir gefällt die Assoziation der Freiheit, die im Freimut steckt. Wie wäre das 20. Jahrhundert verlaufen, wenn Menschen sich massenhaft auf diese preußische Haltung versteift hätten, anstatt sich vor der Weltanschauung der Nationalsozialisten zu verneigen? Menschen mit aufrechtem Gang haben sich auf christliche und auf preußische Tugenden berufen, als sie sich der nationalsozialistischen Barbarei widersetzten. Am Anfang ihres Widerstandes stand keine umfangreiche Analyse, sondern das schlichte »Nein!«, eher Ausdruck eines Widerstrebens als einer mutigen Aktion. Manche große Namen kennen wir. Wie Dietrich Bonhoeffer. Sein an der Handlungsweise Jesu von Nazareth gebildetes Gewissen konnte zum systematisch eingeübten Unrecht nicht schweigen. Warum kann er, der großbürgerlich protestantische, im Geiste des aufgeklärten Preußens erzogene Geistliche bei allen Zweifeln und dunklen Anfechtungen den Mund aufmachen, wo seine Amtskollegen schweigen? Warum reihen sie sich ein in den »Halleluja schreienden Pöbel in Herrn Goebbels Reklamefesten«, wie Bonhoeffer selbst lakonisch schreibt, während er selbst schon früh sein Unbehagen gegenüber der politischen Religion der Nationalsozialisten kundtut? Woher kommt ihm der Mut, die Wahrheit über die Verfolgung der Juden nicht nur ins Tagebuch zu schreiben, sondern später konspirativ dabei zu helfen, dass das Unrecht ein Ende habe? Das ist eine Frage, die mich nicht loslässt.

Eine Diktatur später versuchen andere unter anderen Bedingungen, im Unrechtsstaat der DDR ein richtiges Leben im falschen zu führen. Sie waren frei und mutig genug, bei der Wahrheit zu bleiben und sie auch noch laut auszusprechen, wenn sie diese innere Freiheit mit der äußeren Freiheit bezahlen mussten. Manche waren jung und keck. Freimut bedarf manchmal der Unbekümmertheit der Jugend, die spontan auf Plakate pinselt, was sie gegen Unfreiheit, Doppelmoral und Schlimmeres aufbringt. Manche waren alt. Sie nahmen das Unrecht, das um sie herum geschah, persönlich, anstatt die Augen zu verschließen. Sie schrieben, predigten und machten politische Witze, die die Schergen der Unfreiheit und der Lüge bloß stellten. Sie zeigten Haltung, wo sich wegbücken an der Tagesordnung war, und zahlten, wenn es hart kam, mit dem Leben oder zumindest mit Demütigungen und Schikanen. Sie wussten, dass die Pflicht zum Gehorsam da endet, wo das eigene Gewissen beginnt. Freimut ist die Haltung des Widerstandes aus Wahrheitsliebe. Die Haltung des Freimuts entspringt der Idee der Mündigkeit, die sich zur Not auch gegen die Masse wendet. Ein Mensch, der sich nicht den Mund verbieten lässt und aus seinen Überzeugungen auch dann keinen Hehl macht, wenn er mit Sicherheit kein Kopfnicken erntet, ist wahrhaft mündig.

Dem ersten Anschein nach ist Freimut deshalb nicht unbedingt eine Haltung, die wir heute einüben müssen, in einer demokratischen, offenen Gesellschaft, in der jeder zu jeder Zeit beinahe alles sagen kann. Das Pathos dieser Haltung scheint verfehlt, wo offene Worte nichts kosten. Doch es gehört zu den Tücken der Aufklärung, dass diese offenbar nie ein für alle Male zum Ende kommt. So gesehen ist sie auch heute noch ein unerledigtes Projekt. Mündigkeit, die aus dem Mut entspringt, die Wahrheit zu sagen, ist nämlich keineswegs so selbstverständlich wie der Anspruch, der sich mit der Rede vom mündigen Bürger verbindet. Auch die freieste Gesellschaft erzeugt nämlich ihre eigenen Zwänge. Selbstzensur ist auch da gang und gäbe, wo keiner Texte und Reden auf unliebsame Formulierungen hin untersucht. Manchmal ist es sogar politische Korrektheit, die mit der Lüge kokettiert, weil sich in den vorgefertigten Sätzen die Wahrheit aus dem Staub gemacht hat. Es gibt jede Menge Situationen, wo Menschen sich auf die Zunge beißen aus Sorge vor unliebsamen Konsequenzen. Nestbeschmutzer und Nörgler sind auch heute keine gern gesehenen Zeitgenossen. Freimut hat freilich nichts mit dem Dauerprotest derer zu tun, die ständig auf Krawall gebürstet sind, weil es nichts und niemanden gibt, der es ihnen recht macht, wie jener Nachbar, der wegen eines Kirschbaumastes, der auf sein Gelände ragt, das Bundesverfassungsgericht angerufen hat, weil er seine Menschenwürde angetastet sah. Freimut wächst aus Anlässen, wo mehr und anderes auf dem Spiel steht als das unbedingte Rechthabenwollen. Unsere äußere Freiheit kann in der Tat größer nicht sein, aber mit den äußeren Freiräumen wächst die innere Freiheit offensichtlich nicht automatisch mit. Sie muss eigens gehegt werden, wie der Mut, sich der eigenen Gedanken auch laut zu bedienen, wenn böse Blicke die wahrscheinlichste Reaktion sind. Teeküchen, Lehrerzimmer, Behandlungsräume und Geschäftstresen sind deshalb immer wieder Orte, an denen Freimut heute genau so gefragt ist wie in Zeitungsredaktionen und auf Kanzeln.

Freimütige Menschen der jüngeren Geschichte zeigen, dass innere Haltungen, auch wenn sie mit kleinen Gesten beginnen, im Ernstfall den Unterschied ums Ganze machen können. Ihr Leben kann für andere zu einer Rückenschule innerer Orientierungen werden. Ihr Rückgrat ist in Ausnahmesituationen nicht eingeknickt, weil die aufrechte Haltung im Alltag zu einer guten Gewohnheit wurde. Viele dieser Geschichten handeln nicht von grauer Vorzeit, auch wenn wir versucht sind, uns eher an toten Helden zu orientieren. Sie spielen sich in der Nachbarschaft ab.

TAPFERKEIT

Wie die Geschichte von der alten Frau in Berlin, die eine Bande Jugendlicher mit ihrem Stock verjagte, als die erst mit rassistischen Sprüchen und dann mit Tritten ein junges schwarzes Mädchen drangsalierten. Wie eine Furie ist die 88jährige auf die Halbstarken losgerannt und hat die Gehhilfe geschwungen. Eine zarte Frau im blauen Kleid, mit Stützstrümpfen und den Kräften einer Löwin. Während wir anderen Wartenden noch nach der vernünftigen Taktik suchten, mit der wir die Randalierer vertreiben könnten, war sie schon losgerannt. »Solche wie Euch habe ich als Kind schon einmal erlebt. Mit mir ist das nicht noch mal zu machen«, schrie sie den verdutzten Jungen mit den glattrasierten Schädeln und den schwarzen Jacken zu. Woher hatte die zarte Person nur so eine laute Stimme? Die Bande war so verblüfft, dass sie unverrichteter Dinge abgezogen ist. »Ich war noch nie gewalttätig. Aber der Anstand gebietet es doch, so was nicht noch mal zuzulassen.« Sagt die alte Dame und streicht verlegen über so viel Aufmerksamkeit über ihr blaues Kleid. Umstehende hatten die Polizei gerufen. Wer so über Anstand redet, hat nicht die Etikette im Blick. Aus innerer Haltung vergisst sie das gute Benehmen der höheren Tochter und die Höflichkeit der Französischlehrerin, die ihr doch in Fleisch und Blut übergegangen war. Sie vergisst auch die Angst und wischt tausend Bedenken fort, die ihr innerhalb von Sekunden durch den Kopf geflo-

gen sind. Sollen doch andere sich um das Problem kümmern. Die Situation ist zu gefährlich. Hier sind andere gefragt. Misch dich nicht ein, hat ihr Sohn ihr immer eingeimpft. Wenn ich mich ruhig verhalte, werde ich wenigstens nicht selbst zum Opfer. Ihre Reaktion war ja auch dümmer, als die Polizei erlaubt. Schließlich sind schon Menschen gestorben, weil sie hilflosen Opfern gegen die Schläger zur Seite standen. Das hat sie vor kurzem erst in der Zeitung gelesen. »Wenn Sie Zeugen von gewalttätigen Übergriffen werden, mischen Sie sich nicht unbedacht ein. Betätigen Sie den Notruf. Suchen Sie sich Verbündete.« So stand es in der Broschüre, die sie im Kleingartenverein verteilt haben. Das sind die nachvollziehbaren Empfehlungen zur Zivilcourage, die die Gefahr für das eigene Leben in Grenzen halten.

Die genannte Dame hat sich nicht daran gehalten, obwohl sie Zeit ihres Lebens bedächtig gewesen ist. Immer, wenn ich an die Begegnung mit der zarten alten Dame denke, fällt mir die alte Tugend der Tapferkeit ein, die aus dem Christentum kommt.

Dieser Mut, der sich trotzig über eigene Bedenken hinwegsetzt, ist präzise die Haltung der Tapferen, deren Mut aus der Defensive kommt. Tapferkeit ist leider auch so ein geschundenes Wort. Mit deutscher Gründlichkeit wurde es entstellt und missbraucht. Mit derselben Gründlichkeit haben wir es aus unsrem Wortschatz gestrichen. Worte haben ihre Geschichte. Da ist es gut, wenn man sie eine Weile in Ruhe lässt. Im Falle der Tapferkeit ist das besonders naheliegend. Mit der zweifelhaften Ermunterung »Indianer kennen keinen Schmerz«, wurden Generationen von Jungen dazu erzogen, ja keine Schwäche zu zeigen. Weinen gilt nicht. Sei tapfer, sei ein Mann. Ein Blick in die Bibel macht es nicht leichter. Tapferkeit kommt zwar nicht gerade häufig vor, aber wenn sie in Verbindung mit Stärke genannt wird, übersetzt Luther »Mannbarkeit«. Bis 1912 ist es bei dieser Übersetzung aus dem Griechischen geblieben. Vermutlich dachte sich niemand was dabei, passte diese Wendung doch vorzüglich zu den Tapferkeitsvorstellungen der Zeit, die Heroen verehrte und das Kriegerische zelebrierte. Noch die dämlichsten Mutproben, mit denen die Jungen Kopf und Kragen riskierten, um sich wechselseitig ihrer Tapferkeit zu versichern, wurden von Eltern und Lehrern damit entschuldigt, dass die Heranwachsenden diese gefährlichen Aktionen bräuchten, um tapfer und stark zu werden. Ein paar gebrochene Knochen und Narben zeichneten die Mutigen eher aus, als dass sie auf eine Waghalsigkeit verwiesen, die mit der Dummheit verwandt ist. Wer einen Hochspannungsmast hochsteigt und sich am Überlandstromkabel eine Zigarette anzündet, ist jedoch nicht tapfer, sondern dämlich, weil er die Verletzlichkeit seines eigenen Körpers unterschätzt oder fahrlässig mit dem Leben spielt. Trotzdem wurden im Geiste dieser Tapferkeitspädagogik Jungen erwachsen und als Soldaten gezüchtet. Tapfer bis zum Tod, für Volk und Vaterland. Tapfer sollten auch die Mütter, Ehefrauen, Schwestern und Freundinnen sein.

Keine Trauer zeigen. Weitermachen, als wäre nichts gewesen. Bis zum nächsten Sohn. Dieser Wahnsinn hatte Methode. Wer da nicht mitmachte, wer seinen Schmerz zeigte, wer das Ideal der Helden hinterfragte, dem eine grauenhafte Wirklichkeit des Krieges gegenüber stand, der wurde als Deserteur verachtet und verfolgt.

Kein Wunder, dass heute niemand mehr tapfer sein will. Die alte Dame an der Haltestelle, die mit einem lächerlichen Holzstock sechs Jugendliche mit Schlagringen und Bierflaschen vertrieb, nahm das Wort trotzdem ohne Bedenken in den Mund. Allerdings nicht, um sich zu loben und als Heldin zu stilisieren. Sicherlich auch nicht, weil sie zu einer Generation gehörte, die noch im Geiste zweifelhafter Tapferkeitsideale erzogen worden war. Sie benutzte das Wort in einem neuen Sinn, der aufmerken lässt. »Die Tapferkeit«, erklärt sie dem Kriminalbeamten, »die habe ich mir ausgeliehen. Beim lieben Gott. Als ich noch zuckte, ob ich auf der Bank sitzen bleiben sollte, fiel mir mein Konfirmationsspruch ein. ›Der Herr ist meine Kraft. Vor wem sollte mir grauen.‹ Daran habe ich Jahre nicht gedacht. Da bin ich losgelaufen.« Ihre Geschichte gibt dem verschlissenen Konzept der Tapferkeit eine neue Chance, als Haltung des im Glauben geborgten Mutes, als Standhalten gegen massive Widerstände, manchmal auch als beherztes Handeln, wo der normale Instinkt eher lautet: Nimm die Beine in die Hand und renne um dein Leben.

Tapferkeit ist also nicht Attitüde der Kraftprotze, deren Mut aus der Überlegenheit kommt und deshalb billig zu haben ist. Tapfer sind die, die in der eigenen Schwäche standhalten, die sich in der Angst nicht lähmen lassen und mit trotzigem Blick einer drohenden Gefahr ins Auge sehen, ohne sich abzuwenden. Für den Philosophen Aristoteles liegt die Tapferkeit in der Mitte zwischen Feigheit und Tollkühnheit. Tapfer und freimütig sind die, die sich ihre innere Freiheit nicht nehmen lassen, weder von äußeren Widrigkeiten noch von eigenen Zweifeln. Weil die äußerste Widrigkeit der Tod selber ist, hat Tapferkeit eine verborgene Verbindung mit dem Tod. Allerdings in einem anderen Sinne als jene Tapferkeit der Kriegshelden, die ja im Grunde dem Starken, dem Überlegenen, dem Vitalen huldigt. Die geopferten Helden krepieren nicht, sie gehen mit stolz geschwellter Brust in den Tod. Ihr Bewährungsfeld ist der Kampf. Hier gilt die Tapferkeit der Unbesiegbarkeit. In der christlichen Tradition meint Tapferkeit dagegen eine Haltung gegenüber der eigenen Verwundbarkeit. Oft ist ihr Bewährungsfeld die Geduld. Hierfür braucht es eine andere Art Stärke. »Ein Geduldiger ist besser als ein Starker und wer sich selbst beherrscht besser als einer, der Städte einnimmt«, heißt es im biblischen Buch der »Sprüche«, das lauter kleine Haltungstipps für den Alltag versammelt.

Tapferkeit heute: Für mich sind Menschen tapfer, die diese Haltung im Angesicht des Todes zeigen, weil sie sich nicht von der Furcht beherrschen lassen. Die ihre innere Freiheit erkämpfen, sogar gegen den ärgsten Feind des Lebensmuts, die Angst. Wie der Studienfreund, der mit Zweiundzwanzig wusste, dass aus seinen Lebensambitionen nichts würde, weil man Krebs bei ihm diagnostiziert hatte. Er rang mit sich, er lachte und er weinte, er trotzte dem Körper noch viele Jahre ab und bereitete sich auf sein Sterben vor wie auf eine große Reise. Seine Lebenshaltung war bestimmt durch seine Einstellung zum Tod. Für ihn war der Tod nur äußerlich eine Frage des Endes. Er wich ihm nicht aus, er redete ihn aber auch nicht schön. Vor allem organisierte er seine Tage nicht wie ein Ablenkungsmanöver, immer auf der Suche nach einem Kick, nach der schönen Überwältigung oder einem wuchtigen Erlebnis.

Vielleicht hat Tapferkeit ja im Tiefsten wirklich etwas mit der Lebenshaltung angesichts des Todes zu tun. Nicht als heroische Haltung, wie im Todes- und im Heldenkult der Vergangenheit, sondern als mühevolles Standhalten im Angesicht der eigenen Verletzlichkeit, also nicht todesvergessen, aber auch nicht todesversessen wie manche der Freundinnen meiner Großmutter, die jeden Morgen ausgiebig die Todesanzeigen der Lokalzeitung lasen und jedem Konflikt mit der Familie mit den Worten »bald bin ich tot« aus dem Wege gingen. Die Stärke meines Freundes lag darin, dass er sich dem Sterben stellte und daraus Konsequenzen für die Lebensführung zog. Nur in diesem Sinne war er eine Kämpfernatur. Er kämpfte um Würde im Leiden. Die Einsicht in die eigene Sterblichkeit prägte die Art, wie er sein Leben führte. So wurde es kostbar bis ins Kleinste, samt der Schmerzen, der Anfechtungen und der sinnlosen Momente. Wahrscheinlich kann so nur jemand leben, der sich über den Tod hinaus getröstet weiß und so der Sinnlosigkeit ein volles Leben abtrotzt, auch wenn es ein abgebrochenes bleibt. In der Geschichte des Christentums galt diese Haltung, die aus dem Eingeständnis der eigenen Endlichkeit eine Praxis machte, als »Kunst des Sterbens« als äußerste und wichtigste Form der Lebenskunst und als Provokation an einen Lebensstil, der sich ganz aufs Glücklichsein versteift. Wir tun uns schwer mit einer Haltung zum eigenen Tod. Als Thema ist er kein Tabu. Im Gegenteil. Die letzte Lebensphase ist gesellschaftlich hart umkämpft. Zerwürfnisse über die Zukunft der alternden Gesellschaft, über Hochleistungsmedizin und Sterbehilfe zeigen die Tragweite dessen, was im Deutungsstreit um menschenwürdiges Sterben auf dem Spiel steht. Trotzdem ist der Tod aus dem Alltag verschwunden. Aus der Kunst des Sterbens ist eine Technik der Bewältigung des Todes geworden. So können wir es zum Thema machen, ohne über den eigenen Tod sprechen zu müssen. Was heute fehlt, sind keine Aufklärungskampagnen über die Patientenverfügungen, Testamente und Rechtslagen. Woran es mangelt, ist der Trost angesichts des Todes, auf den meine Großmutter sich stützte wie auf ihren Stock. Das hatte sie mit meinem Freund gemeinsam, auch wenn sie ansonsten in verschiedenen Welten lebten. Auch ihre Tapferkeit war eine von Gott geliehene Stärke. Ihr Glaube gab ihr jene »lebendige, verwegene Zuversicht«, die nach Martin Luther »trotzig und lustig gegen Gott und alle Kreaturen macht«.

In der Geschichte des Christentums ist die Tapferkeit im Notfall das Zeichen der Märtyrer und Freimut das Bekenntnis, das unter Strafe steht. Noch so ein Wort, dessen Erwähnung innere Widerstände erzeugt. Das Blutzeugnis gehört trotzdem zur Tiefenschicht des christlichen In-der-Welt-Seins. Ein Funke der anstößigen Fremdheit des christlichen Glaubens sollte auch einem modernen Glauben blitzen. Zum Glück lebe ich in einem Land, in dem man für eine Überzeugung nicht stirbt. Das Schlimmste, was mir passieren kann, ist die blöde Bemerkung von einem, der meine Überzeugung nicht teilt. Schon harmloser Spott kann einem an schlechten Tagen ja mächtig zusetzen. Muss man sich ohne Not mit der Mehrheit im Raum anlegen? Meine Ausflüchte ins Unverbindliche kenne ich nur zu gut. Welche Kraft muss jemand aufbringen, der für ein freies Bekenntnis Folter und Gefängnis riskiert? Unvorstellbar. Wo Freiheit herrscht, ist Freimut natürlich selten ernsthaft gefragt. Genauso wenig wie Tapferkeit im Namen von Recht und Gerechtigkeit. Ein paar Flugstunden entfernt ist das auch heute anders. Menschen mit der falschen Religion müssen um ihr Leben fürchten. Journalisten gehen für die Wahrheit in den Knast. Sogar Liebesgedichte können strafbar sein. Im Schattenreich der modernen Tyrannen sind Tapferkeit und Freimut am ehesten anzutreffen, als antifatalistische Haltungen einer unerschrockenen Minderheit, die nicht glauben will, dass das, was ist, schon alles ist. Couragierte Menschen braucht aber auch unsere politische Kultur. Wo im Prinzip alles möglich ist, was nicht gegen Recht verstößt, schleicht sich Gleichgültigkeit ein. Was geht mich das an, was mein Nachbar tut? Für jeden Notfall und für jedes Verhängnis gibt es schließlich eine berufene Stelle. Die Sorge lässt sich so leicht an die Profis delegieren. Stimmt, wir haben Ämter und Eingreiftruppen, Sozialdienste und Seelsorger. Wenn Kinder hinter verschlossenen Türen verhungern, Jugendliche sich aus Angst vor den erpresserischen Klassenkameraden in die Hosen machen, Alte von Pflegern systematisch gequält und Frauen auf öffentlichen Plätzen körperlich bedroht werden, braucht es trotzdem Menschen, die nicht mit der alarmistischen Attitüde des Dauerprotestes, aber doch aufmerksam und vernehmbar sind, weil sie sich um das Wohlergehen der Anderen scheren. Wie die alte Dame aus Berlin, die mit dem Spazierstock brutale Möchtegernnazis verjagte. Mit geliehenem Mut.

Als Abziehbild für das eigene Leben taugen solche Erfahrungen vielleicht nicht. Heldenverehrung braucht daraus erst recht nicht folgen. Auf den Sockel gestellt werden solche Vorbilder schnell zum Sinnbild für den Abstand zwischen denen, die bewundernd unten stehen, und dem, der da hoch in den Himmel ragt. Das ist eher frustrierend als ansteckend. Freimut und Tapferkeit sind Haltungen für den Ausnahmezustand. Jemandem mal so richtig die Meinung sagen ist noch kein Freimut und den jährlichen Zahnarztbesuch nicht zu verschieben noch keine Tapferkeit. Ich finde es aber hilfreich, sich die Lebensart anderer zum Vorbild zu nehmen, und sei es nur, um sich immer wieder daran zu erinnern, dass innere Haltungen zur Not auch gegen die Mehrheitsmeinung eingenommen werden können. Diese Beispiele zeigen auch, dass das, was »man tut«, nicht zwangsläufig etwas mit Anstand zu tun hat. Deshalb ist der erzieherische Hinweis, ein bestimmtes Verhalten sei gefordert, weil »alle das so machen«, nicht unbedingt immer der beste Ratschlag. Besser sind da schon gute Geschichten, Bilder des Gelingens und Orte, an denen Haltungen eingeübt werden wie die Schritte und Bewegungsabläufe eines Tanzes. Tugend kann man nicht im strengen Sinne lehren. Man kann sie sich auch nicht anlesen. Ich kenne niemanden, der einen Tango aus Büchern oder Vorträgen gelernt hätte. Es kann nicht schaden, sich mit der Geschichte des Tanzes beschäftigt zu haben. Biographien und Filme großer Tänzerinnen mögen die Lust auf Tango steigern. Die Erzählungen begeisterter Tänzer und Tänzerinnen mögen das Bedürfnis wecken, es auch mal zu versuchen. Am Ende hilft aber nur der Schritt aufs Parkett. Ja, Lebenshaltungen, die inneren Halt geben, bedürfen der Räume, in denen schon Kinder am eigenen Leib erfahren, wie sich Barmherzigkeit und Demut, Vergebungsbereitschaft und Hoffnung anfühlen. Es braucht gute Erfahrungen und lebendige Szenen, die man sich merken kann. Das wussten schon die abendländischen Tugendlehrer. Sie waren sehr erfinderisch, um die Lebenshaltungen attraktiv zu machen. Die Tugenden wurden nämlich von alters her als Frauen mit Charakter, Schönheit und Eigensinn vor Augen gemalt. Die Figuren auf den Bildern zeigen Gefühl und sprechen das Gefühl an. Als Allegorien des guten Lebens finden sich die Mädchen auf Altarbildern und auf Rathausbrunnen, als Intarsien von Talarschränken und auf Porzellanvasen. Mimik und Gestenspiel drücken die inneren Haltungen aus, die sie verkörpern. Der geballte Charme der Fräuleinwunder sollte die Menschen ermutigen, sich die eine oder die andere Tugend zum Vorbild zu wählen. Diese Anregung zum guten Leben macht Spaß. Hochgeschlossene Krägen trugen die Damen übrigens nicht. Auf den alten Bildern geht es eher freizügig zu. Da guckt man gerne noch einmal genauer hin, wenn die Sanftmut der Klugheit um den Hals fällt, weil beide gemeinsam der Hartherzigkeit ein Bein gestellt haben. Mit gutem Grund kann man heute fragen, womit denn die Frauen zur Tugendhaftigkeit verführt werden sollten, wenn Tugenden ausschließlich als Männerphantasien vorgestellt werden. Doch das ist eine kleinliche Abrechnung mit der Geschichte der abendländischen Tugenddarstellungen.

BESONNENHEIT

Ich finde diese Form der anschaulichen Werbung für abstrakte Lebenshaltungen ausgesprochen anregend: Tägliche Verführung zum guten Leben statt tristem Moraldiktat, lautet die Devise. Da macht Haltung Spaß. Von der »Lust und Leidenschaft am Guten« ist in den alten Traktaten allerorten die Rede. Das Gefühl ist in den alten Tugendlehren keine lästige Größe, die dem Vernunftmenschen im Wege steht. Es soll nicht überwunden werden, es ist vielmehr Ausgangspunkt der inneren Haltung selbst. Darauf verweist ja schon das Herz als das Zentralorgan für die Tugend. Es ist Ausgangspunkt, aber auch Austragungsort der Lebenshaltungen, die Halt gewähren. Schon der Philosoph Aristoteles wusste, dass unmittelbare Gefühlsausbrüche Menschen zu willenlosen Opfern ihrer Stimmungen machen. Auch wenn wir nur das Beste im Sinn haben, stolpern wir über unsere »verdrehten Affekte«. So fasste der gelehrte Freund Martin Luthers, Philipp Melanchthon, die Lage zusammen, die uns zu Gefangenen unserer unmittelbaren Erregungszustände macht. Wen der Zorn, die Wut oder der Neid überkommen, der ist buchstäblich nicht mehr Herr im eigenen Haus. Er verliert buchstäblich die Fassung und wirkt auf Außenstehende wie von Sinnen. Für diese Erkenntnis braucht man keine Psychoanalyse. Wer hat nicht schon einmal in seinem Ärger dem Gegenüber Beleidigungen ins Gesicht geschleudert, die er oder sie am liebsten schon fünf

Minuten später wieder einfangen würde? Wer hat nicht schon einmal im Groll eine E-Mail losgeschickt, anstatt eine Nacht darüber zu schlafen und am nächsten Morgen in Ruhe die kleinen Gemeinheiten aus den Sätzen zu streichen? »Mir ist einfach der Kragen geplatzt.« »Da sind die Gäule mit mir durchgegangen.« »Der Geduldsfaden ist einfach gerissen.« Unsere Sprache findet gute Bilder, in denen wir entschuldigen, wie uns die Kontrolle über uns selbst entglitten ist. Diese Erregung, die die Sensation liebt und sich an geballten Stimmungslagen berauscht wie an einer Droge, bleibt nicht im Privaten. Der gezielte Kontrollverlust ist längst eine Masche geworden, um Aufmerksamkeit zu erzielen. Bestimmte Medien kultivieren die Fassungslosigkeit, die aus dem Spektakulären kommt. So herrscht an jedem Tag emotionaler Ausnahmezustand. Die Sondermeldung und die Sondersendung werden zum Dauerbrenner. So laufen gesellschaftliche Erregungszustände heiß, anstatt sie durch ruhige Analysen die emotionale Temperatur herunterzukühlen. Mit wenigen Tricks lässt sich der Eindruck zugespitzter Lagen erzeugen, die sich zu einer gefühlten Bedrohung entwickeln. Ängste zu schüren ist besonders leicht. Die Pandemie der Angst verbreitet sich auch dann noch, wenn die wahren Verursacher, Grippeviren, miese Konjunkturdaten oder ziellos am Himmel streifende Kometen, sich längst verzogen haben. Mit Fakten sind diese heißen Emotionen nicht mehr kleinzukriegen. Bei jedem kleinen Fieber droht nun die Quarantäne. Massenhysterie ist eine Folge künstlich befeuerter Gefühle.

Die Haltung der Besonnenheit unterbricht diese sich steigernden Gefühlsaufwallungen. Das ist ein Wagnis, denn wer besonnen reagiert, muss abwarten können, sich auch unter mächtigem Entscheidungsdruck nicht die berühmte Nacht nehmen lassen, in der ein spontaner Impuls überschlafen wird, sich Zeit nehmen, wenn eigentlich keine da ist, bedachtsam formulieren und im Detail versessen bleiben, wenn der große Wurf gefragt ist. Nur wer sich auch in einer brisanten Situation ein wenig Bedenkzeit abtrotzt, kann eine eigene Haltung finden, anstatt sich eine Haltung aufzwingen zu lassen. Wer so agiert, gilt schnell als Zauderer, als Umstandskrämer oder, schlimmer noch, als unentschlossen. Doch nur, wer sich für einen Moment zurücknimmt, kommt wieder zu Sinnen. Manchmal reicht schon ein Augenblick des Durchatmens. Kurz durchschütteln, und wir sind nicht länger Sklaven unserer unmittelbaren Erregungszustände. Die Haltung der Besonnenheit liegt in der Kunst des Aufschubs und der auferlegten Verzögerung. Dazu braucht es Disziplin und einen vertrauten Umgang mit sich selbst. Besonnen sind Menschen, die sich noch Fragen stellen können, wenn es eng wird. Wohin führt mich meine Wut, wenn ich sie ungefiltert in einem Wortschwall ablasse? Was erreiche ich langfristig, wenn ich kurzfristig in die Luft gehe? Bin ich womöglich sogar im Unrecht mit meiner Position? In der Hitze eines Wortgefechts ist schon manch ein Irrtum mit den Listen von Tränen und Geschrei verteidigt worden. Knigge bemerkt dazu trocken: »Beinahe jede Angelegenheit hat mehr Seiten, als Du sehen kannst.« Besonnenheit baut die Schamgrenze wieder auf, die die Wucht der Emotion oft zerstört. Hemmschwellen schützen mich selbst und andere vor dem Gesichtsverlust, der da entsteht, wenn Gefühle die Macht übernehmen. Was sie anrichten, ist oft nicht wieder gutzumachen.

Die Haltung, die es einzuüben gilt, hilft zu einer doppelten Distanz: Zur Selbstdistanz gegenüber den Regungen, die sich mit Wucht bemerkbar machen und zur Erregung anwachsen, und gegenüber der Situation, die vielleicht doch nicht so eindeutig ist, wie es den Anschein hat. Besonnenheit hält den Abstand mit Augenmaß. Sie ermöglicht einen Schritt zurück von der Macht der Unmittelbarkeit. Wer sehnt sich nicht nach dieser Art von Freiheit, die darin besteht, eine Sache in aller Ruhe aus mehreren Perspektiven anzusehen. Nüchtern, ruhig, aber nicht gefühllos. Schließlich sind wir ja nicht die Zuschauer unseres eigenen Lebens. Wer dagegen so neben sich steht, dass er sich unbeteiligt fühlt, ist auch von Sinnen. Unempfindlichkeit und Gefühlskälte machen das Leben ebenso haltlos. Es gibt Zeiten, da prallt das, was in der Umgebung geschieht, ab wie an einer Schicht aus Teflon. Dieses Taubheitsgefühl kann sich bis zur krankhaften Unberührbarkeit gegenüber anderen steigern. Wie bei den kalten Kindern, die, ohne mit der Wimper zu zucken, auf Schwächere eintreten und nicht einmal hinterher so etwas wie Schuldbewusstsein zeigen, weil sie nie gelernt haben, mit ihren Aggressionen umzugehen. Sie wirken wie ferngesteuert. »Die haben dicht gemacht vor der Außenwelt. Sie sind total abgeklärt. Ihre Gewalttätigkeit ist nicht der Ausbruch von Wut, sondern von kalter Berechnung. Wir haben keine Ahnung, wie wir diese Kinder erreichen können«, sagt ein Polizeipsychologe hilflos in einem Interview über die kindliche Verrohung, die die Folge von Vernachlässigung ist. Wer nichts mehr empfindet beim Anblick eines weinenden Menschen, wer sich gegenüber den Bedürfnissen von Freunden nicht erweichen lässt, gerät in eine Eskalationsspirale der Kälte, die auch gegen sich selbst unempfindlich macht. Solche »Coolness« mag von ferne manchmal durchaus beneidenswert sein, weil eine gewisse Unberührbarkeit scheinbar auch vor Verletzlichkeit schützt. Sie ist in Wahrheit aber ungestaltete Emotionalität, die so gefährlich werden kann wie heftige Erregung. Als Dauerzustand führt sie zu moralischem Stumpfsinn, zu Hemmungslosigkeit und zu tiefer Einsamkeit, weil sie zu echtem Kontakt nicht mehr fähig ist. »Geht mich alles gar nichts an«, heißt die achselzuckend vorgetragene Ausrede der Abgeklärten. Kaltherzig zeigen sie der Welt den Rücken. Das tote und das überhitzte Gefühl sind die gefährlichsten Einfallstore für das Böse, weil sie jeglichen Einspruch von innen wie von außen außer Kraft setzen. Das eigene Gefühl hat immer Recht. Es wird zum Diktator der eigenen Lebensführung.

Tugenden sind dagegen Haltungen einer gestalteten Emotionalität. Sie werden zur Ausdrucksform »ethischer Gefühle« (Adam Smith) und sind Ausdruck der Souveränität über die unmittelbaren Affekte. Nur als bedachtes, gestaltetes Gefühl wird aus einem potentiellen Störfall eine Kraftquelle von hoher Energie. Hinweis darauf, dass Tugenden als Lebenshaltungen aufs gestaltete Gefühl setzen, gibt das kleine Wörtchen »Mut«, das in vielen Tugenden steckt. Großmut und Freimut, Demut und Sanftmut sind nicht das Gegenteil von Furcht oder Ängstlichkeit. In ihnen steckt das alte deutsche Wort »Gemüt«. Der Reformator Philipp Melanchthon hat diesen Gedanken in der antiken Tugendtradition wiedergefunden. Tugenden sind nichts für vergeistigte Zeitgenossen, die ihre Emotionen und Affekte im Grunde als Schwäche verachten oder deshalb in Schach halten wie bissige Hunde. Als souveräne Haltungen gegenüber den Listen ungebremster Gefühle passen sie auch nicht zu der »Sklavenmoral«, die Friedrich Nietzsche mit ihnen verbindet. Menschen mit jeder Menge Leidenschaften und großem Freiheitsdrang zeigen die innere Haltung einer geläuterten Emotionalität mit besonderer Anmut. Ihre Souveränität über die unmittelbare Erregung verleiht ihnen Stärke, weil sie in ihrer Betroffenheit besonnen bleiben und sich nicht hinreißen lassen vom Ansturm der Gefühle. So kann aus heißem Zorn und tiefem Groll die Kraft des Widerspruchs gegenüber einem großen Unrecht werden, ohne dass Gewalt und unüberlegte Worte nötig sind. Ärger über einen misslichen Zustand kann in die gründliche Recherche seiner Ursachen führen, und aus blinder Wut wird unter Umständen die Einsicht in den eigenen Anteil an der Eskalation. So wird Versöhnung möglich.

Wenn Gefühl und Vernunft einen Pakt schließen, kann Neues entstehen. So wird Versöhnung möglich. So eröffnen sich Auswege und Alternativen zu eingefahrenen Reaktionen.

KLUGHEIT

Klugheit, Weisheit und Besonnenheit beanspruchen zu Recht eine wichtige Rolle unter den Lebenshaltungen. Im Detail decken sie unterschiedliche Aspekte eines souveränen Lebensstils ab. Begriffsverwirrungen sollen an dieser Stelle nicht aufhalten. Sind beide Zwillingsschwestern oder ist die eine Steigbügelhalterin der anderen? Ihr Grundgehalt ist, lassen wir mal die feinen Unterschiede beiseite, so ähnlich, das wir uns auf das konzentrieren können, was ihnen gemeinsam ist. Das ist der Punkt: Alle drei zusammen sind aber mehr und anderes als intellektuelle Kapazität. Das, was wir heute für klug und, leicht angestrengt, für neunmalklug oder altklug halten, ist der Klugheit als Tugend schroff entgegengesetzt. In Weisheit und Klugheit verbindet sich das, was das Herz erfüllt, mit den Begabungen der Vernunft, der kritischen Urteilskraft und einem gebildeten Gewissen. Weisheit und Klugheit sind seit der Antike Überlebenswissen, das weit über das hinausragt, was wir technisch und faktisch wissen können.

Für Philipp Melanchthon, der den Beinamen »Lehrer der Deutschen« trägt und der Ururgroßvater moderner Bildungsdebatten ist, nimmt jeder wahre Bildungsprozess bei der Einübung dieser Lebenshaltungen seinen Ausgang, in dem Wissen und Weisheit zusammengeführt werden. Wer Haltungen einübt, verschreibt sich deshalb einem Bildungsprogramm, noch bevor er Studienziele festgelegt und

Lehrpläne studiert hat. Im schönen Wort von der Herzensbildung kommt so eine Dimension zum Ausdruck, die in den gegenwärtigen Diskussionen um Bildungsstandards ein Schattendasein führt. In der Tat: Kluge Kinder (und Erwachsene) braucht das Land. Doch die Klugheit, die sich in Lebenshaltungen zeigt, kann man nicht in TV-Shows casten. Hier mögen sich die schlauen Kleinen in Kopfrechnen, dem Rückwärtsaufsagen sämtlicher Dinosauriersorten und in der blitzschnellen Identifizierung fremdländischer Autokennzeichen überbieten. Die klugen Kinder, die Melanchthon vor Augen hat, können das vielleicht auch. Er empfahl seinen Studenten den Wettstreit und war ein Verfechter des Auswendiglernens. Doch gebildet sind die schlauen Kinder deshalb noch nicht, höchstens halbgebildet, auf halber Strecke steckengeblieben in der Exzellenz, in der Wissen und Problemlösungskompetenzen, nicht aber die eigene Haltung zu beidem gefragt ist. Melanchthon, der Bildungsvisionär der Reformationszeit, hätte sich in unsere Debatten um die Zukunft von Wissenschaft und Schule sicher eingemischt. Manche Ideen sind immer noch aktuell. Mädchen, die lesen können, Bauernlümmel, die über Stipendien in die Bildungselite des Landes aufsteigen sollten – das sind Forderungen, die auch heute noch für Diskussionsstoff sorgen. Wie würde Melanchthon auf die Nachricht reagieren, dass im Lande des reformatorischen

Bildungsaufbruchs immer noch die Herkunft eines Kindes über den Bildungserfolg entscheidet? Wenn Aische aus Berlin trotz bester Noten keine Gymnasialempfehlung bekommt, weil die Lehrerin ihren Eltern die Begleitung der Tochter auf dem Bildungsweg nicht zutraut? Oder Cavin aus einem Wohnblock vor München. Schon der Rufname des Jungen ist Bildungsforschern verdächtig. Dritte Generation Hartz VI – was ist nötig, damit ein Kind mit diesem Hintergrund Spaß am Lesen bekommt und merkt, wie Leistung zu neuer Leistung anspornt? Bildung für alle – das ist bis heute keine harmlose Forderung. Sogar Melanchthons stete Werbung für literarische Klassiker zielte nicht darauf, höhere Bildung der Wenigen gegen praktischen Nutzen und handwerkliches Geschick, wirtschaftlichen Erfolg oder politische Macht auszuspielen. Seine Leidenschaft für die alten Sprachen, die Künste und die Wissenschaften diente im Gegenteil dazu, sich im Rückbezug auf einen klassischen Kanon in einer unübersichtlichen Welt zu orientieren.

Sein Bildungsprogramm ist keine Flucht vor der Wirklichkeit und schon gar nicht Ausdruck der Sehnsucht nach einer heilen elitären Bildungswelt, die die harten sozialen Verwerfungen im Weltmaßstab ignoriert. Im Gegenteil. Niemals hätte er zu denen gehört, die sich nach den guten alten Zeiten zurücksehnen, in der das Gymnasium noch ein Gymnasium und der Gebildete noch ein Goetheaner war, der in seiner guten Bürgerstube am Stutzflügel Wagnerpartituren übte. Melanchthon erfand das Projekt »Bildung für alle«, brütet über Lehrplänen, bastelte an einem Kanon dessen, was junge Leute unbedingt studieren müssten, und verändert den Aufbau der Universität radikal. Insofern steht er in einer langen Reihe von Reformern, die sich auf Konferenzen und in Kommissionen fragen, welche Art der Bildung Zukunft sichert. Doch wichtiger ist es ihm, Bildung als lebenslange Haltungsübung zu entfalten, die nach der Ausbildung nicht Halt macht und in der Ausbildung genug Raum hat. Bildung wird zum Lebensstil. Seine konkreten Bildungskonzepte haben sich an vielen Stellen überlebt. Doch in diesem Punkt bleiben seine Ideen auch im 21. Jahrhundert eine Provokation. Einen gebildeten Menschen erkennt man daran, dass er Haltung zeigt. Bildungsnotstände machen eine Gesellschaft nicht nur ungerecht, unkreativ und unbeweglich. Sie führen langfristig auch zu Lebenshaltungsschäden.

Deshalb ist die geistige und emotionale Frühförderung, die den Rückraum für die Grauzonen des Lebens stärkt, vermutlich vordringlicher als jede Schulreform. Sie unterscheidet sich radikal von den frühkindlichen Bildungsangeboten, in denen schon Vierjährige mit Chinesischkursen und Medientraining für erfolgreiche Karrieren abgerichtet werden. Die Bildung des »ganzen Menschen«, die Melanchthon vor Augen hatte, führt nicht in eine Wettbewerbsgesellschaft, wo jeder jedem schon von frühester Kindheit an ein unliebsamer Konkurrent auf dem Weg nach oben ist. Dem intellektuellen Kopf der Reformation, der schon als Kind mit berühmten Professoren diskutierte, kann man wahrlich nicht vorwerfen, er habe Fleiß, Disziplin und Ehrgeiz gegenüber vermeintlich weichen Eigenschaften vernachlässigt. Er glaubte nur umgekehrt nicht, dass Faktenwissen und Fremdsprachen, ein scharfer Geist, ökonomische Raffinesse oder wissenschaftliche Phantasie ausreichen, um die Bildungselite eines Landes für eine bessere Zukunft zu prägen. Er schlug sich deshalb Zeit seines Lebens mit der Frage herum, woran sich Menschen orientieren können, wenn sie einer offenen Zukunft entgegengehen. Was formt das Bild von der Welt und vom Nächsten? Was prägt den Umgang mit dem Fremden? Von woher kommt der Zweifel an falschen Gewissheiten? Wie wird die Kreativität geweckt, die aus verkrusteten Strukturen ausbricht? Wie kann der Eigennutz mit dem Wohl der Anderen vermittelt werden? Wie kann die Freiheit zur Verantwortung gestärkt werden? Woher nehmen Menschen den Trost im Leben und im Sterben, der in allen Ängsten gelassen sein lässt?

Immer kommt Melanchthon auf die alten Lebenshaltungen zurück, die auf mich zunehmend jung und unverbraucht wirken: allen voran Klugheit und Weisheit, die aus diesen Fragen entstehen. Manche Antwort würden wir heute nicht mehr gelten lassen. Die Antworten sind auch nicht so entscheidend. In den Fragen steckt das Potenzial einer vertieften Haltung zur Bildung, die eben nicht auf Schulen und Universitäten beschränkt bleibt. Wer so fragt, für den wird Bildung zu einer Lebensform. Deshalb sollten wir die Fragen, die Melanchthon vor fast 500 Jahren stellte, beharrlich weiter stellen. Für die Bildungsdebatte, die vom Wettlauf um die besten Köpfe wie von der Sorge um die abgehängten Kinder geprägt ist, steht die Wiederentdeckung dieser Haltungen noch aus. Wenn es stimmt, dass eine Gesellschaft auf den Schulhöfen ihrer eigenen Zukunft begegnet, dann ist die Frage nach der inneren Haltung, mit der schon Kinder sich selbst und ihrer Welt begegnen, keine Frage, die man an den Religionsunterricht oder an den Ethiklehrer delegieren kann. Die Einübung innerer Haltungen wäre dann unverzichtbare Elementarbildung. Die Bildung, die Lebenshaltungen einübt, wäre nicht schon die gelungene Sammlung von Titeln, Zertifikaten und Kompetenzen. Sie verkoppelt dieses Wissen mit der Art Weisheit, die das »Wozu und Wohin« des Wissens mit im Blick behält und jeden Erfahrungsausschnitt in einen großen Zusammenhang zu stellen in der Lage ist, der über den eigenen Horizont des Verstehens hinausweist.

Erst Verbindung von Weisheit und Wissen macht klug. Lebensklugheit bleibt gegenüber dem Aufruf zur permanenten Selbstoptimierung ebenso auf Distanz wie gegenüber der Täuschung, mittels der Listen der Technik das versehrte Leben gänzlich zu heilen. Wer klug ist, fördert einen Zugang zur Welt, der den wachen Sinn für das Unverfügbare mit der Einsicht in die eigenen Grenzen verbindet. Neugier, auch wissenschaftliche Neugier, wird so entgegen anders lautender Gerüchte ebenso wenig ausgebremst wie der Fortschritt. Doch nach dem Richtungssinn von beiden wird man doch wohl fragen können? Warum will ich eigentlich wissen, was ich erforsche?

Diese Frage kann nicht an die Geldgeber oder an die theologischen Fachbereiche oder Ethikkommissionen delegiert werden. Sie gereicht als Haltung der Klugheit am ehsten denen zur Ehre, die selbst in den Laboren und Forschungsabteilungen arbeiten. Natürlich ersetzt die Art Haltungsübung als Schule des Lebens nicht die gründlichen Kenntnisse in Mathematik und Geschichte, Englisch und Biologie. Weisheit braucht auch Wissen. Nur auf dem Hintergrund eines gebildeten Sachverstandes können kritische Urteilskraft und moralische Phantasie überhaupt gedeihen.

Denn erst, wer weiß, wie Dinge ablaufen, kann diesen Lauf der Dinge unter Umständen auch verändern. Deshalb ist es ein tragisches Missverständnis, wenn eine Wissen und Weisheit verbindende Klugheit als Orientierungswissen gegen das reine Verfügungswissen ausgespielt wird. Da die nachdenklichen Geister, hier die Ökonomen und Ingeneurinnen, die Molekularbiologen und die Verkehrsstrategen? Wer die Welt so aufteilt, mag einer sentimentalen Erinnerung an falsch verstandenen humanistischen Bildungsidealen nachhängen, die sich mit Technikfeindschaft und mangelndem Gestaltungswillen auch noch brüsten. Hier die auf Lösungen versessenen und dort die, die immer neue Fragen aufwerfen? Hier die, die anpacken wollen, und dort die, die jeden Handgriff mit kritischen Randbemerkungen versehen? Melanchthon hätte irritiert gefragt, ob man den ganzen Menschen denn ohne Verlust halbieren kann.

Diese Alternative führt zu der merkwürdigen Aufteilung der Berufe in die, die das Weltwissen suchen und organisieren, während die anderen über es richten, die es gewichten oder verwerfen. Das entließe die einen in einem Zustand der Verantwortungslosigkeit und die anderen im Status der Ignoranten. Wir wären deshalb gut beraten, wenn die gebildeten Forscher mit einem sachverständigen Philosophen dauerhaft ins Gespräch kämen und zusammen fragten, was mit den Einsichten denn nun gewonnen wäre, wie es zu verstehen ist und wo die Grenzen unserer Möglichkeiten liegen. So verantworten sich beide. Klugheit wächst im Austausch, wo die Position hart gegen die Position eines anderen prallt, wo Einwürfe mit Argumenten pariert und kritische Stimmen gehört werden. Das eigene Urteil an der scharfen Klinge eines echten Einwands zu schärfen, schult übrigens auch das Gewissen. Denn diese Stimme der Mahnung und der Selbstkontrolle will gebildet werden, sie lebt nicht in einem schalldichten Raum. Weil es nicht über jeden Zweifel erhaben ist und auch Argumenten gegenüber aufgeschlossen ist, kann es die inneren Haltungen, die gefragt sind, immer neu justieren. Die Euphorie derer, die sich von den Wissenschaften das zukünftige Heil versprechen, und die Skepsis derer, die in den Laboren und Büros leibhafte Teufel am Werk sehen, würden beide als Übertreibung disqualifiziert, der nur mit Besonnenheit, Weisheit und Klugheit beizukommen ist. Ein Bildungsverständnis, das auf diese Haltungen setzt, kann gelassener mit den anstehenden Herausforderungen umgehen.

In einer Welt, in der Informationen sich so explosionsartig vermehren, dass einem ganz schwindelig wird, geht es ja längst nicht mehr ums Wissenkönnen. Die ungelöste Frage steht im Raum, was wir mit dem Wissen machen, und wie wir mit dem Wissen leben wollen. Endlich ist Wissen für beinahe jeden überall zugänglich. Man muss sich nicht einmal mehr mehrbändige Lexika leisten, um das Wissen über die Welt in die eigenen vier Wände zu holen. Ein Klick in die digitalen Büchereien, und ich kann über jede Sonderbarkeit einen zwanzigseitigen Artikel lesen oder ein Filmchen ansehen. Währenddessen brummt mein Handy, und die beiden E-Mail-Fächer quillen über mit Informationen.

»Wissensgesellschaft« wird dieses Phänomen ein wenig großspurig genannt. Doch diese Wissensgesellschaft ist offenkundig noch keine kluge Gesellschaft. Wo Informationen, die heute für Schlagzeilen sorgen und morgen unter Umständen schon als Fehlinformation von gestern im Papierkorb landen, in Lichtgeschwindigkeit verbreitet werden, wo Erkenntnis oder bloße Meinung nur schwer zu unterscheiden sind, wo Wahrheit und Täuschung so dicht beieinander liegen, braucht es mehr denn je vor allem eines: die souveräne Urteilskraft derer, die zwischen bedeutsamen und überflüssigen, am Ende sogar zwischen letzten und vorletzten Dingen unterscheiden können. Da hilft es auch schon mal, bei jemandem nachzufragen, der sich mit den neuen technischen Möglichkeiten gar nicht auskennt. Lebenserfahrung lässt sich nicht durch Geschwindigkeit kompensieren.

Nachdenklichkeit ist da keine Zeitverschwendung, sondern Bedingung für das Überlebenswissen, das aus der Klugheit kommt. Die Nagelprobe gebildeter Lebenshaltungen kommt freilich erst dann, wenn wir mit unserem eigenen Latein am Ende sind, da, wo das Leben an die scharfe Kante des Nichtwissenkönnens stößt oder gar in den Abgrund von Sinnlosigkeit und Nichtverstehen stößt. Wer sich hier nicht auf das verlässt, was er weiß, sondern Halt findet in dem, was er glaubt, ist weise. Wahre Bildung wäre nach einem spitzen Wort des Philosophen Hans

Blumenberg »das, was übrigbleibt, wenn einer alles vergessen hat«: die verlässliche Grundhaltung zum Leben, die Halt gibt, wo in der gebildeten Vernunft kein Halten mehr ist.

DANKBARKEIT

Manchmal kriecht das Gefühl wie vom dicken Zeh über den Bauch, es zieht über den Rücken, stellt die feinen Härchen im Nacken auf und lässt schließlich vor lauter Glück das Herz schneller schlagen. Dankbarkeit macht sich im ganzen Körper breit für das Leben, wie es jetzt, in diesem Moment, ist. Verweile doch, Du bist so schön, möchte man dem Gefühl sagen. Du fühlst Dich großartig an. Ich könnte singen und die Arme hochreißen vor Glück. Zum Beispiel beim Anblick des eigenen Sohnes, der mit neuen Gummistiefeln in einer Pfütze tanzt. Oder in dem Moment, in dem sich alle guten Freunde nach einem leckeren Essen am eigenen Wohnzimmertisch in eine heftige Diskussion verstricken und die unsichtbaren Fäden zwischen den Gästen kreuz und quer über den Tisch gespannt sind wie ein Netz. Oder wenn die befürchtete Diagnose des Arztes über die Krankheit des Freundes sich doch nicht bestätigt. Manchmal ist es nur ein Augenblick, buchstäblich so kurz wie ein Wimpernschlag, in dem das eigene Leben wie ein riesengroßes Geschenk erscheint, das unverdient und ohne äußeren Anlass ausgepackt vor mir steht. Oft ist es nur ein Seufzer des Glücks, manchmal formen meine Lippen auch ein spontanes Dankgebet. Dann hat das Gefühl des Beschenktseins auch einen Adressaten. »Ich danke Dir, Gott.« Leider verschwindet das Gefühl oft so schnell, wie es gekommen ist, und ich bleibe zurück mit all den nörgelnden Stimmen im Kopf. Sie erin-

nern an das, was noch zu tun ist. Sie bringen hartnäckig die Defizite und Unvollkommenheiten des Tages zu Gehör oder mahnen gar mit düsterem Bariton, das Gefühl der Dankbarkeit bloß nicht zu sehr zu genießen, das dicke Ende könne schließlich jederzeit kommen. Richtiggehend gemein ist die Stimme, die zischt: »Verdient hast du das nicht!« – als könnte man sich ein Geschenk je verdienen.

Offenbar lasse nicht nur ich mich durch diese Spielverderber im Kopf beeindrucken. Auch für andere ist das Gefühl der Dankbarkeit eine flüchtige Angelegenheit. Auch sie begleitet ein ähnlicher Chor hämischer Stimmen in den Momenten, in denen das Leben plötzlich als Gabe erscheint. Wer würde die Dankbarkeit nicht gerne am Schlawittchen fassen und festhalten? Stellt sie sich nämlich ein, ist es so, als würde die eigene Existenz, oft nur in Schwarzweiß vertraut, nachkoloriert wie eine alte Fotografie, die durch die bunten Farben einen neuen Zauber erhält. Aber der Moment des Glücks und der Eindruck, das Leben sei ein großartiges Geschenk, lassen sich offenbar nicht auf Dauer stellen. Als Gefühl ist die Dankbarkeit eine ziemlich unzuverlässige Laune.

Wie kann aus der Dankbarkeit eine Haltung werden, die auf die Momente der Überwältigung durch eine starke Emotion gar nicht angewiesen bleibt? Den Stimmen im Kopf könnte man mit autoritärem Ton das Wort verbieten.

Oder sie einfach überhören. Sie schimpfen dennoch weiter und erinnern daran, dass das eigene Leben nicht glatt mit dem Leben übereinstimmt, das man sich gewünscht hat. Es bleiben immer Wünsche offen. Gründe dafür, dass Dankbarkeit (noch) nicht angebracht ist, weil noch so viel zum Dankesagen fehlt, lassen sich immer finden. Es gibt natürlich diese Zeitgenossen, die auf die Frage nach dem Wohlergehen brummig antworten: »Man muss ja dankbar sein«. Der zweite Teil des Satzes wird nur selten laut ausgesprochen. Er heißt »anderen geht es ja schlechter als mir« oder »man kriegt im Leben nichts geschenkt«. Entweder ist das ein billiger Trost, der nicht mal hält, was er verspricht, oder diese Art Dankbarkeit als vorgetragene Pflichtübung nimmt Maß bei denen, denen es wirklich schlecht geht. Das wäre dann eine zynische Form der Dankbarkeit, die im Grunde eine Variation der Schadenfreude ist, die sich erst angesichts des Unglücks anderer entzündet. Undankbarkeit dagegen scheint nicht nur eine schlechte Angewohnheit, sondern geradezu eine Triebkraft des menschlichen Lebens zu sein, als permanente Ausrichtung auf etwas, was wir nicht haben, als Besessenheit von dem, was fehlt und dringend zu erreichen wäre, als Zustand der Zufriedenheit, der immer nur als ausstehender vermisst wird. Ist echte Dankbarkeit nur als Vertuschungsmanöver zu haben, als Weise, die Mängel des eigenen Lebens gütig zu übersehen und mit geschickter Überredung das unglückliche Bewusstsein zu ersticken? Das mag heiteren Gemütern vielleicht gelingen, als empfehlenswerte Grundhaltung zum Leben ließe sich Dankbarkeit kaum mehr verteidigen, eher schon machte sie sich als naiver Selbstbetrug verdächtig.

Dankbarkeit ist deshalb eine schwere Übung, weil sie voraussetzt, das Leben als Geschenk zu begreifen. Der Geschenkcharakter der menschlichen Existenz aber ist wahrlich nur schwer zu verteidigen in einer Gesellschaft, die auf die Fähigkeit zum Tausch aus Gegenseitigkeit gedrillt ist. Anerkennung und Achtung muss man sich verdienen. Arbeit und Engagement, Leistung und Einsatzwille sind die Währung, mit der man seinen Wert erkauft. Da liegt der Verdacht nahe, auch die Existenzberechtigung verdanke sich dem eigenen Vermögen. Gute Gaben werden da als Almosen gewertet, wenn man für fast alles bezahlen muss und fast alles kaufen kann. Wo als letztes Kriterium für den Wert eines Gutes der vermutete Preis gilt, wird Dankbarkeit zum Eingeständnis von Schwäche und Abhängigkeit. Was es umsonst gibt, ist selbst für Schnäppchenjäger verdächtig. Geschenke haben ihre Unschuld verloren. Sie sind entweder ein Eingeständnis der Schwäche oder der Manipulierbarkeit. Sich als dankbar erweisen kann in der Wirtschaft und in der Politik schnell als Bestechung gewertet werden. Hinter dem Geschenk lauert die Affäre und hinter der Gabe, und sei diese noch so selbstlos gemeint, lauert die potentielle Aufforderung zur Gegengabe oder eine noch subtilere Botschaft. Längst tauschen wir auch symbolisches Kapital nach gängigen Marktwerten: Dabei geht ein Geschenk niemals in seinem Warenwert auf. Es ist ein Beziehungszeichen, ein Symbol, in dem sich Zuneigung verdichtet. Deshalb sind Geschenke sogar im engen Freundes- und Familienkreis eine zweideutige Angelegenheit. Mafiöse Praktiken gibt es auch am Geburtstagstisch oder unter dem festlich geschmückten Tannenbaum. Als Symbole für den

Wert einer Beziehung sind Geschenke auch dann nicht einfach zu handhaben, wenn sie vorderhand mit keinerlei Gegenansprüchen ausgestattet sind.

Von »Geschenkpolitik« spricht der Sozialwissenschaftler Helmuth Berking, der die Praxis des Gebens und Beschenktwerdens in unserer Gesellschaft untersucht hat. Unsere Schenkkultur wird eher als Austausch von Leistung und Gegenleistung denn als Erfahrung der Gabe verstanden, die man sich voraussetzungslos gefallen lässt. Beim Gedanken ans Schenken mögen viele Menschen schweißnasse Hände bekommen, weil sie sich der Schwierigkeiten bewusst sind, die mit einer Geste der Liebe verbunden sind. Kommt das Geschenk auch an? Oder gibt es ein langes Gesicht, dass sich über Jahre immer wieder im Gesicht des Geliebten aufzieht, weil Enttäuschungen angesichts von Hochzeitstagen oder Familienfesten oft die Halbwertzeit eines ganzen Lebens haben? Als Beziehungszeichen sind Geschenke mit Erwartungen aufgeladen und hochgradig enttäuschungsanfällig. Noch schwieriger ist es, sich beschenken zu lassen. Sich bedanken zu müssen empfinden viele Menschen als peinlich oder entwürdigend. Offenbar ist diese Unfähigkeit, sich beschenken zu lassen und schlicht »Danke« sagen zu können, ein menschlicher Grundzug, der nicht erst neuerdings auftritt. Schon Martin Luther schüttelt den Kopf über diese Eselei. »Die ganze Welt«, sagt er, »ist toll und töricht. Sie ertragen es nicht, dass sie die Nehmenden sind. Sie wollen nichts umsonst haben.«

In jemandes Schuld stehen scheint unendlich viel schwerer zu sein, als bei einer Bank einen Kredit aufzunehmen. Geldgeschenke sind deshalb ein beliebter Ausweg aus der als bedrückend empfundenen Herausforderung, ein Geschenk auszusuchen oder gar selbst ein Geschenk zu empfangen. Kauf Dir Dein Geschenk lieber selbst, dann kann ich nichts falsch machen, lautet die Botschaft, die zwar die ärgsten Tücken des Schenkens vermeidet, aber meistens nicht mehr als ein klammes Gefühl hinterlässt, weil die Gabe so die Regel des Tausches nicht unterbricht. »Das wäre doch nicht nötig gewesen« ist geradezu ein Klassiker unter den Reaktionen auf eine überraschende Gabe, als ginge es beim Schenken nicht genau um das, was nicht das Notwendige, sondern den Überfluss markiert. Verlegen halten wir den Blumenstrauß in der Hand. Das Blut steigt in den Kopf wie bei einem Backfisch. Das Gefühl, dem anderen gegenüber mit leeren Händen dazustehen, führt zu einem peinlichen Moment. Anstatt einfach und von Herzen »Danke« zu sagen, suchen die Beschenkten sofort nach versteckten Botschaften. »Jetzt darf ich bloß ihren Geburtstag nicht vergessen.« Oder: » Was will er mir denn sagen? Hat er ein schlechtes Gewissen?«

Kinder lieben Geschenke, sie stürzen sich auf die Verpackungen und reißen sie ungeduldig auf, ohne zu fragen, womit sie verdient haben, was ihnen überreicht wurde. Doch schnell lernen auch sie, dass Geschenke versteckte Botschaften, in Kisten und Kartons verpackt, sind: der Teddybär für den Gang zum Töpfchen, der Besuch im Kino für die Übungsstunde am Klavier und das Auto fürs bestandene Abitur, selten sind sie so voraussetzungslos, wie sie erscheinen. Korruptionsskandale dieser Art verderben den Charakter der Gabe in jedem Lebensbereich. Was als Geschenk ausgegeben wird, ist in Wahrheit der Versuch, sich eine

Haltung zu kaufen. Kein Wunder, dass Erwachsene sich schwer tun, etwas anzunehmen, was sie nicht verdient oder selbst erarbeitet haben. Alles muss verdient werden. Das vermittelt sich schon früh. Deshalb mutet die Grundhaltung der Dankbarkeit so altertümlich an, auch wenn die »Politik der Gabe und Gegengabe« vermutlich keine neue Erfindung ist. Offenbar ist diese Politik des Tauschens auch da am Werk, wo es um die Wahrnehmung des eigenen Lebens geht. Niemandem etwas schuldig sein zu müssen, prägt auch die Grundhaltung zum eigenen Leben.

Deshalb ist der erste Schritt zu einer Haltung der Dankbarkeit offenbar, den Geschenkcharakter des Lebens so anzuerkennen, dass alle Gedanken an einen nachfolgenden Handel, und sei er noch so verklausuliert, ausgeschlossen sind. Wir verdanken uns nicht uns selbst. Wir können weder uns selbst noch das, was uns geschieht, verdienen. Selbst das, was wir durch die Anstrengung unserer Hände und unseren Geist erreicht haben, verdankt sich bei genauerem Überlegen vielen Voraussetzungen, die wir nicht geschaffen haben. Eine Familie, die sich sorgt, eine gute Ausbildung, die ohne Frage möglich war, Gesundheit, die niemand garantieren kann. Freunde, die einem zur Seite stehen. Man kann sich noch so sehr kümmern, planen, rechnen und sorgen, die Basis für ein gelingendes Leben liegt nicht in unserer Hand. Diese Einsicht ist so banal, dass sie eigentlich keiner Erwähnung wert sein müsste. Die Philosophin Hannah Arendt widmet dem Geschenkcharakter des Lebens dennoch eine große Strecke ihrer denkerischen Auseinandersetzung. Manche Einsichten sind vielleicht so selbstverständlich, dass wir mit der Nase drauf gestoßen werden müssen. Dankbarkeit ist in ihrer Perspektive nicht der Ausdruck eines Gefühls wunderbarer Überwältigung, sondern die Einsicht, dass das, was einem im Leben geschieht, nicht Verdienst, sondern Geschenk ist. »Denk Dein Leben von der Geburt her«, das ist ihr Ratschlag, um den Geschenkcharakter einmal grundsätzlich durchzubuchstabieren. Niemand hat sich selbst geboren. Jedes Leben beginnt als verdanktes Leben. Die Gegebenheit der eigenen Existenz durchkreuzt im Grunde die Logik des Handelns und Verdienens.

Um die Haltung der Dankbarkeit zu erproben, braucht es offenbar einen Perspektivenwechsel. Eine Hundertachtzig-Grad-Drehung ist dazu gar nicht nötig. Eine kleine Wende der Augenbewegung, eine winzige Drehung, und schon sieht das Leben anders aus. Die andere Perspektive auf die eigene Existenz hat auch Konsequenzen für die schlimmeren Dinge, die einem zustoßen können. Denn wer das Gute als Verdientes begreift, neigt auch dazu, das Schlimme als verdiente Strafe zu empfinden und Schicksalsschläge als Konsequenz des eigenen Handelns oder Seins misszuverstehen. Eine solche Haltung kann selbst zerstörerisch sein, weil mit jedem negativen Erlebnis der Wert der eigenen Person in Frage steht. Auch das Unglück ist unverdient. Nur als Unverdientes ist es erträglich. Dankbarkeit verändert deshalb auch die Haltung zu den bösen Dingen des eigenen Lebens, weil sie als Grundhaltung den tückischen Zusammenhang von Belohnung und Strafe zerschlägt. Wie aber kommt es zu der Drehung, die das Leben als Geschenk begreift, auf das Dankbarkeit die einzig angemessene Antwort ist?

Manche Menschen schreiben sich all die Dinge auf einen Zettel, für die sie dankbar sein wollen, als Schreibübung zur Dankbarkeit. Das ist auf den ersten Blick eine merkwürdige Weise, sozusagen über Pedanterie ein gutes Gefühl und dann eine gute Gewohnheit zu erzeugen. Etwas widerstrebend habe ich es dennoch selbst ausprobiert und mir auf den Rat eines guten Freundes eine schöne kleine Kladde zugelegt. Hier trage ich nun dann und wann ein paar Begebenheiten ein, schnörkellos, oft nur ein Wort, ohne Kommentar. Mein »Buch der Dankbarkeit« füllt sich überraschend schnell. Eine stattliche Liste voller banaler und wundersamer Dinge ist da schon zusammengekommen. Oft vergesse ich das Büchlein im Regal. Manchmal ist mir meine Sammlung unbedeutender Alltagsdinge regelrecht peinlich. Aber wenn es mir in die Hände fällt und ich ein wenig darin herum lese, stellt sich in der Tat Dankbarkeit ein. Das funktioniert sogar an schlechten Tagen. Es nimmt schlimmen Ereignissen nicht ihren Schrecken, ordnet das Schlimme aber in einen größeren Zusammenhang ein und nimmt ihnen so den Alleinvertretungsanspruch für mein Leben, weil ich mich guter Tage erinnere.

Diese Form der Dankbarkeit hat mit dem überwältigenden, ganz großen Gefühl nicht viel gemeinsam. Die Haare im Nacken bleiben liegen und der Puls schlägt normal, aber mein Blick auf das eigene Leben bleibt an Dingen und Ereignissen hängen, die ich schon längst vergessen hatte. Dankbarkeit ist das Gedächtnis des Herzens, hat mal jemand gesagt. Sich an das zu erinnern, was gut im Leben gelaufen ist, kann dankbar machen, vor allem, wenn der erwartungsvolle Blick nicht an den ganz großen Ereignissen festklebt, die einfach nicht kommen wollen. Ist das nicht eine üble Manipulation des eigenen Bewusstseins? Auf den ersten Blick vielleicht. Aber ich täusche mich ja nicht über die Ereignisse, die mir passiert sind. Ich erfinde auch nichts, um die Listen künstlich zu verlängern. Eher schon ist die Übung des Sich-Erinnerns eine Form der Selbstüberredung, die dazu verhilft, zu erkennen, wie prall beschenkt das eigene kleine Leben ist. »Was hast Du, was Du nicht empfangen hast?«, fragt die Bibel mehr als einmal. Wer dieser Frage ernsthaft auf den Grund geht, kann der Dankbarkeit fast nicht mehr entwischen. Außerdem erscheint die Gegenwart plötzlich in einem größeren Zusammenhang. Das eigene Leben bekommt seine Geschichte zurück und mit ihr eine Fülle von bedeutenden und unbedeutenden Geschichten, die über der Wucht des Gegenwartsgefühls verloren gegangen sind. Die miesepetrigen Stimmen in meinem Kopf geben natürlich nicht so schnell auf. Sie schimpfen, rechnen Gutes mit Schlechtem auf und zetern nach wie vor über unerfüllte Träume und gescheiterte Hoffnungen. Offenbar führen sie nicht nur ein Eigenleben, sie sammeln auch akribisch alles, was schief gelaufen ist, um meinem Gedächtnis auf die Sprünge zu helfen, damit es schön nachtragend bleibt. Die kleinen Übungen in der Haltung der Dankbarkeit machen das eigene Leben leichter, weil die Listen eine andere Erinnerungsspur legen, der ich nun folgen kann.

Dankbarkeit färbt auch auf die Art und Weise ab, mit der man anderen Menschen begegnet. Wer dankbar für das ist, was er hat, kann leichter mit dem Reichtum und dem Glück anderer leben. Dankbarkeit macht großzügig. Sie unterbricht den Teufelskreis des Vergleichens, bei dem sich immer jemand findet, der besser wegkommt. Wer dankbar ist, ist immun gegen den Neid, der den anderen missgönnt, was man selber nicht hat – selbst wenn man es eigentlich gar nicht will oder braucht. Wer sich beschenkt weiß, verschenkt auch leichter selbst von dem, was er hat: Geld, Zeit und Aufmerksamkeit. Wer nicht den Eindruck kultiviert, zu kurz zu kommen, kann gelassener mit den eigenen Grenzen leben. Dankbarkeit ist die Wurzel innerer Zufriedenheit und die beste Medizin gegen Selbstmitleid, das jedes Pech als Heimsuchung und jede Nichtbeachtung als persönliche Beleidigung empfindet. Wen Undankbarkeit quält, der nimmt kleine Unterschiede augenblicklich wahr. Und wenn sie nicht auf Anhieb zu erkennen sind, so wachsen sie in der eigenen Vorstellung zu Riesen heran. Undankbarkeit macht nämlich maßlos, weil jedem Wunsch der nächste auf dem Fuße folgt, sobald der erste befriedigt ist. Undankbarkeit macht überempfindlich, verdrossen und unausstehlich. Es heftet den Menschen an sich selbst und sein gehegtes Unwohlsein in der eigenen Haut. Die Jammerei als Echo auf das gefühlte Leiden an dem, was man nicht hat oder gerne anders hätte, hat mit echtem Elend nichts zu tun und gehört doch zu den grassierenden Krankheiten, die leider auch noch ansteckend sind. Besitzstände und Ansprüche werden so verteidigt bis zur Groteske. Da ist der ehemalige Chef einer Bank, der gegen ermäßigte Pensionsansprüche nach der Pleite seines Geldinstitutes vor Gericht zieht, oder die Eltern, die kaum noch aus dem Haus gehen wollen, weil der Sohn statt des verlangten Abiturs nur eine Ausbildung zum Installateur macht. Wenn Erwartungen sich bis ins Absurde steigern, sind selbst kleinste Abstriche ein Grund zur Enttäuschung. Undankbarkeit verleidet einem nicht nur den Blick in den Spiegel, sie vergiftet auch das soziale Klima. Spätestens hier wird deutlich, dass eine Kultur der Dankbarkeit die Gesellschaft und ihre Spielregeln nicht nur leicht irritiert.

Die Ansammlung von Bürgern, die die Haltung der Dankbarkeit triebe, würde die Gesellschaft aus den Angeln heben. Was, wenn die große deutsche Zeitung, die vor ein paar Jahren das Wort »Neidgesellschaft« erfunden hat, nun die »Dankbarkeitsgesellschaft« ausriefe? Das nachgerade revolutionäre Moment der Dankbarkeit als Haltung, die den Geschenkcharakter des Lebens betont und zur Antriebskraft des eigenen Handelns erklärt, haben schon die Reformatoren entdeckt. Sie sprechen deshalb auch von einer »Ethik der Dankbarkeit«, die der Einsicht in den Geschenkcharakter des Lebens als Antwort folgt, weil Dankbarkeit nicht bei sich selber bleiben kann. Deshalb hat Dankbarkeit nicht nur merkliche Konsequenzen für das eigene Selbstverhältnis und die Perspektive auf das eigene Leben. Sie verändert über kurz oder lang auch das soziale Gefüge. Dankbarkeit teilt und teilt sich mit. Wer dankbar ist, richtet seinen Blick weg vom gefühlten Mangel zum Überfluss. Wir sind auf die Knappheit fixiert. Von allem ist zu wenig da. Dankbarkeit sensibilisiert für die Fülle. Wer zu viel hat, dem fällt es leichter, das, was er hat, mit denen zu teilen, denen es wirklich an allem fehlt. Wer sein Leben dankbar aus Gottes Hand zu empfangen in der Lage ist, hat nicht nur ein wenig, er hat schlicht alles verstanden, was die Botschaft des Christentums ausmacht. »Wäre das Wort

›Danke‹ das einzige Gebet, das Du je sprichst, so würde es genügen«, notiert Philosoph und Mystiker Meister Eckhart einmal.

Manchmal bedarf es vielleicht der Engelszungen oder eines ehrlichen Wortes guter Freunde, um aus dem Gefühl der Unzufriedenheit herauszufinden. »Dein Selbstmitleid geht mir auf die Nerven. Sieh es doch mal anders.« Ein fremder Blick auf die eigene Situation wirkt ja oft Wunder. Mir hilft mein kleines Buch. Im Rückblick lesen sich meine Listen wie ein holpriges Gedicht, auch wenn es aus einem haarsträubenden Durcheinander von der Ankunft des Sohnes bis zu einem Mittagessen mit der besten Freundin besteht. Ein wiedergefundener Schlüssel und der Mauerfall 1989 kommen darin vor, das Ende des Regenwetters und der glimpfliche Ausgang eines Verkehrsunfalls. Sogar das Grundgesetz findet sich irgendwo in den Listen. Das ist politisch vermutlich nicht korrekt und müsste sicher einem professionellen Dankgewichtungsmaßstab unterzogen werden, so es ihn denn gibt. Sicher kann Dankbarkeit unterschiedliche Formen haben. Das Gefühl der Dankbarkeit, das sich nach einem Unfall mit dem Gefühl des »da bin ich noch mal davon gekommen« einschleicht, kann sicher jeder Mensch nachvollziehen. In diesen Momenten fühlt jeder die Verletzlichkeit des eigenen Lebens und die Dankbarkeit, noch heil und gesund zu sein. Das ist eine ganz existentielle Dankbarkeit, bei der einem die Hände zittern. Die Dankbarkeit, die sich einstellt, wenn ein Schlüssel nach stundenlanger hektischer Suche in der Jackentasche auftaucht, ist da schon von anderer Art. Schließlich schimpft man sich gleichzeitig einen unordentlichen Trottel. Die Dankbarkeit, die wächst, wenn man sich klar macht, wie gut es ist, in einem freien, demokratischen Staat zu leben, ist vielleicht nur theoretischer Natur. Nachdenken kann dankbar machen. Seit ich mich mit einer Frau angefreundet habe, die als Journalistin gerade noch mit dem Leben davon gekommen ist auf der Flucht vor einem afrikanischen Terrorregime, ist das Grundgesetz, das ich als gegeben hingenommen und ins Regal gestellt habe, schlagartig zu einem wunderbaren Dokument mit Bedeutung für das eigene Leben geworden. Unvorstellbar, dass mir jemand den Mund verbietet, wenn ich eine Politikerin oder einen Bischof kritisiere. Manchmal hilft es schon, ein paar Selbstverständlichkeiten in Frage zu stellen, um die Haltung der Dankbarkeit aufs Neue zu fördern.

Hinter vielen Stichworten verbergen sich kleine Geschichten, die mir wieder einfallen, wenn meine Augen das Stichwort beim Durchblättern streifen. Deshalb verzichte ich auf eine Hierarchie des angemessenen Dankens und schreibe weiter, was mir spontan aus der Feder des alten Pelikanfüllers fährt. Wenn ich erst mal anfange, nachzudenken, zu gewichten oder gar zu streichen, lasse ich es über kurz oder lang ganz. Lieber füge ich dann und wann Gott als Angeredeten ein. So verwandeln sich die Listen in einen Psalm, in mein ganz persönliches Danklied. Dankbarkeit ist nämlich eine Haltung, die letztlich einen Adressaten braucht. Deshalb ist der Hinweis des Sozialwissenschaftlers, Geschenke seien Beziehungszeichen, auch für die Haltung der Dankbarkeit hilfreich. Dankbarkeit resultiert aus einer Haltung, die um ein Gegenüber weiß, dem sie sich verdankt. Die Haltung der Dankbarkeit ist Ausdruck einer Beziehung.

Einem anderen Menschen zu danken ist eine elementare Erfahrung, die das Verhältnis beider immer wieder neu bestärkt. Es ist Ausdruck der Achtung und der Anerkennung. Deshalb macht es Sinn, schon kleinen Kindern das Wörtchen »Danke« beizubringen, noch bevor sie das präzise Gefühl der Dankbarkeit überhaupt empfinden können. Wenn es stimmt, dass wir uns nicht uns selbst verdanken, dann macht es Sinn, den, dem wir uns verdanken, nicht nur zu nennen, sondern auch anzureden. Die verschwurbelte Sprache, mit der ich »dem Leben« irgendwie dankbar zu sein habe, überzeugt mich nicht. Einem anonymen Sein kann ich zwar philosophisch nachsinnen, aber keinen Dank abstatten. Ich will den Grund, dem ich mich verdanke, beim Namen nennen. Dazu helfen die alten Worte der Psalmen in der Bibel, die als Gedichte des Dankes all dem eine Sprache geben, was so schwer in Worte zu fassen ist. In der alten Sprache fällt es einfacher, sich Gott als Adressaten des Dankes anzunähern. Der Zeitgenosse Knigges, Matthias Claudius, steht in dieser Tradition. Er wusste Rat, wie er selbst sich aus den Fängen der eigenen Undankbarkeit befreien konnte, um zur Haltung der Dankbarkeit zurückzufinden. Um die Stimmen im Kopf zum Schweigen zu bringen, denen das nicht passte, wählte er die Musik. »Täglich zu singen« empfahl er als Motto über diesem schlichten Lied und meinte damit auch sich selbst:

Ich danke Gott und freue mich
Wie's Kind zur Weihnachtsgabe,
Dass ich bin, bin! Und dass ich dich,
Schön menschlich Antlitz habe;

Dass ich die Sonne, Berg und Meer
Und Laub und Gras kann sehen
Und Abends unterm Sternenmeer
und lieben Monde gehen.

Und dass mir denn zu Mute ist,
Als wenn wir Kinder kamen
Und sahen, was der heil'ge Christ
Bescheret hatte, Amen!

DEMUT

Dankbarkeit macht demütig. Der eigene Anteil am Wohlergehen schrumpft auf Erbsengröße, wenn das Leben als Geschenk angenommen wird. Überheblichkeit ist verfehlt und Eigenlob wirkt geradezu lächerlich »Was hast Du aber, was Du nicht empfangen hast?« Das ist eine Frage, der nachzugehen in der Tat bescheiden macht. Deshalb mag die Haltung der Demut auf den ersten Blick hervorragend an die Dankbarkeit anschließen. Demut ist allerdings nicht nur altmodisch, sie hat eine ruinöse Geschichte ihres Missbrauchs hinter sich. Der Beigeschmack des Wortes ist nicht nur verstaubt, er ist bitter. In der christlichen Tradition ist Demut weiblich. Frauen beugten sich, von ihnen wurde ein »dienstbares Gemüt« verlangt, ihnen verlangte man die Gesten der Unterwerfung und des fraglosen Gehorsams ab. In den Bildergalerien europäischer Museen versammeln sich die Frauen, die die Demut als Tugendideal verkörpern, mit gebeugten Knien, geneigten Oberkörpern und heruntergeschlagenen Augen. »Anderen dienend, sich selbst verzehrend«, die Ikonen der Demut waren über Jahrhunderte fast ausschließlich Frauen, die sich in der Arbeit für den Nächsten verbraucht haben, stumm, arbeitswillig bis zum Umfallen, ohne je aufzubegehren. Dienen ist die Praxis der Demut. Für viele war dieses Opfer Ausdruck ihrer christlichen Lebenskunst, die heute kaum noch nachvollziehbare, aber gelebte Überzeugung, in der Nachfolge des Gekreu-

zigten zu stehen. Das Kreuz war für diese frommen Frauen ein Zeichen dafür, dass Gott sich zu den Erniedrigten herabbeugte bis zur Selbstaufgabe. Sie schulterten dieses Kreuz nun selbst und opferten ihre Zeit, ihre Gesundheit, ihr Leben für die Kranken und Schwachen.

Für noch mehr Frauen wurde die geforderte Demut allerdings zum Mittel der Zähmung widerspenstiger Geister. Mit der Demut Jesu hat das wenig zu tun. »Bleib demütig«, hielten die Prediger den Frauen entgegen, die Ende des 19. Jahrhunderts das Wahlrecht und den Zugang zu Universitäten forderten. Bleib demütig, befahlen die Väter den Töchtern, die sich einer arrangierten Ehe widersetzten. Bleib demütig, riefen die Bischöfe, als Frauen den Zugang zu geistlichen Ämtern verlangten. Die christliche Tugend der Demut wurde selbst zum Opfer des politischen und religiösen Missbrauchs. Aufopferung als Grundhaltung zum Leben schien im Übrigen nur der einen Hälfte der Menschheit zumutbar zu sein. Oft genug wurde die Grenze zwischen Demut und Demütigung mutwillig aufgehoben. Im Namen der Demut wurden Menschen geschlagen und gebrochen. Der Tugendterror führte im Namen Demut zu seinen schlimmsten Exzessen. Es ist deshalb durchaus verständlich, dass von dieser Haltung heute niemand mehr etwas wissen will. Dennoch lohnt es sich, hinter dem Schutt der Missverständnisse und Fehldeutungen die Demut als

DEMUT

Haltung ans Tageslicht zu heben, die wir heute dringend brauchen.

Demut stellt die gängigen Vorstellungen von Macht und Größe auf den Kopf. Sie ist eine fällige Antwort auf den Hochmut, der als Haltung der Verachtung, der Arroganz und der Überheblichkeit salonfähig geblieben ist, als die Demut längst von der Bildfläche verschwunden war. Der fruchtbare Nährboden des Hochmutes ist der Umgang mit Macht. Spitzenpositionen in der Gesellschaft verleiten leicht zum Gefühl, besser, wichtiger und großartiger als andere zu sein. Verwöhnt von Erfolg, Einfluss und der Aufmerksamkeit der Medien, bedarf es ja auch beträchtlicher Widerstandskräfte und mutiger Freunde, um nicht von Hochmut angesteckt zu werden. Selbstherrliche Lenker von Geldströmen, Heroen des Geistes, die anderen die Welt erklären und vorgeben, über die Tatsachen zu wachen, Ärzte, die über Leben und Tod entscheiden, Idole, die mit sparsamen Hüftbewegungen Massen zum Toben bringen, Politiker, die das gewöhnliche Leben so genannter einfacher Leute nur noch aus Umfragen kennen, Kirchenleute, die sich in ihren religiösen Floskeln verfangen und die Maßstäbe für sich nicht gelten lassen, die sie von anderen verlangen – die grassierende Hochmut beruht auf dem schiefen Bewusstsein, andere qua eigener Großartigkeit hinter sich gelassen zu haben. Der Abstand zwischen dem Außerordentlichen und dem Rest macht blind für die eigenen Schwächen. Abgeschirmt vom Rest der Gesellschaft kann man unter Seinesgleichen bleiben und ungestört zu den Besten gehören. Die Zeitgenossen, die nicht dazugehören, werden zu Zuschauern degradiert, denen Applaus abverlangt wird. Sie sind nur noch der Resonanzraum für gelungene Auftritte. Manch eine stolzgeschwellte Brust maskiert sich sogar mit selbstloser Bescheidenheit. Die Entscheidung, die über die Köpfe anderer hinweg getroffen wurde, dient schließlich auch ihnen zum Besten, heißt es dann, wenn die so genannten Entscheidungsträger aus Konferenzzimmern vor die Presse treten. Deshalb bedeutet jede kritische Nachfrage für sie eine persönliche Beleidigung.

Hochmut ist immer da im Spiel, wo die Achtung nur noch von anderen gefordert, aber nicht mehr selbst gegeben wird. Respekt verlangen die Hochmütigen nur noch für sich. Die Gesetze wechselseitiger Anerkennung sind außer Kraft gesetzt. Als Strategie einer vorsätzlichen Beschämung dient die Demütigung dem subtilen Machterhalt. Das fängt oft schon bei der Sprache an. Dass Worte unbedacht gewählt werden und die Beleidigung nicht intendiert ist, macht es nicht besser. Wie Menschen über Menschen sprechen, das kann mehr demütigen als die Situation, in der sie faktisch leben. Das wiederum hat fatale Folgen für das Selbstbewusstsein derer, die sich eigentlich nach einem anderen Leben sehnen sollten. Doch wenn Kindern immer wieder gesagt wird, sie seien »Unterschichtskinder«, »Kopftuchmädchen« und »abgehängte Bildungsverlierer«, dann wiederholen sie die Phrasen der Experten allmählich und gebrauchen sie als Selbstbeschreibung. Und kapitulieren vor der Wucht der ihrem Leben zugesprochenen Ausweglosigkeit. Aus dem fatalen Generationenvertrag ererbter Verwahrlosung kommen sie ja sowieso nicht heraus. Aus der Statistik wird unter der Hand die Haltung der Illusionslosigkeit. Das ist schließlich wissenschaftlich verbrieft und wiederholt überprüft. Die Überschriften großer deutscher Zeitungen können schließlich auch die noch lesen, deren getestete Lesefähigkeit nicht gesellschaftsfähig ist. Weil Sprache die Sicht auf die Welt bestimmt, ist ihre Form der Demütigung so subtil wie wirkungsvoll. Demütigung macht mutlos. So macht sie alternativlos. Sie macht einfallslos. Deshalb ist sie so entwürdigend. Demut dagegen weiß um die demütigenden Nebenfolgen einer unbedacht oder mutwillig beschämenden Sprache.

Demut müsste deshalb zuerst dort als Haltung eingeübt werden, wo die gesellschaftlichen Eliten zuhause sind. Wenn Menschen zu profanen Göttern der Gesellschaft erhoben werden, denen man alles zutraut und von denen man alles verlangt, folgen Arroganz und Snobismus, das Gefühl, etwas Besseres zu sein, und notorische Besserwisserei beinahe zwangsläufig. Das macht die einen zynisch und lässt die anderen ohnmächtig zurück. Hochmut kennt viele Spielarten und gefällige Verkleidungen. Die moralische Überlegenheit, die die Kritiker der Mächtigen zur Schau stellen, gehört bisweilen ebenso dazu. Auch die Schadenfreude der Gaffer, die gehässig klatschen, wenn ein ehemals Mächtiger unter der Bürde seines Amtes zerbricht, zeugt von Hochmut. Die Verachtung, die sich da ausbreitet, wo Menschen über die Macken und Fehler von Chefs und Vorgesetzten herziehen, ist oft genug ein Spiegel der Verachtung, die diese selbst ihnen gegenüber zeigen. Als kollektive Haltung wird Hochmut gar zur Quelle von Rassismus und Barbarei. Unmenschen, Andersgläubige, Andersfarbige – ethnische, nationale und religiöse Hybris sieht sich umzingelt von Fremden minderen Wertes. Menschen scheinen die Überlegenheit über andere zu brauchen, um sich selbst großartig zu fühlen. Genaugenommen ist niemand gegen solche Art Überheblichkeit gefeit. Immer gibt es jemanden, der im Zweifel hochnäsig übergangen, leichtfertig überhört oder sehenden Auges vor den Kopf gestoßen werden kann, weil sie oder er dümmer, schwächer oder einfach anders ist. Das beginnt schon im Kindergarten und hat mittlerweile eine moderne Variante gefunden. Mobbing am Arbeitsplatz macht Menschen das Leben zur Hölle, weil ihre Kollegen sie aus unerfindlichen Gründen als Opfer auswählen, um sich selbst stärker zu fühlen. Die Lebenshaltung der Demut macht dieser Vermessenheit einen Strich durch die Rechnung, die das eigene Wachstum nur auf Kosten der Verkleinerung des Anderen erreicht.

Demütiges Verhalten wird im Alltag häufig mit der gebückten Haltung gleichgesetzt, mit der Untergebene vor Vorgesetzten kuschen. Steigbügelhalter und Speichellecker sind aus unserem Leben nicht einfach verschwunden, weil das abstrakte Versprechen der Gleichheit über allen Unterschieden hängt. Schulen und Behörden, Parteien und Kirchen sind immer noch Orte für billige Gunstbeweise und anpasserische Nachplapperei. Keiner Unternehmensberatung der Welt ist es bislang gelungen, die persönlichen Abhängigkeiten und die subtilen Gesten der Unterordnung aus deutschen Büroetagen und Werkshallen zu verbannen. Auf den Bestsellerlisten mögen Bücher über Querdenker und Eigensinn ganz oben rangieren, im Alltag halten wir lieber den Mund und denken uns unseren Teil, wenn wir der persönlichen Eitelkeit Rechnung tragen, die oft die

Kehrseite von Charisma und Macht ist. Die eine oder andere Schmeichelei wird uns schon nicht umbringen, auch wenn wir in der Tasche das Messer umdrehen.

Servilität ist allerdings genauso eigennützig wie die Borniertheit der Macht. Auch sie will auf ihre Weise von der Nähe zu Macht profitieren und sich einen Vorteil verschaffen. Demut ist das nicht. Höchstens der Weg des geringsten Widerstands mit eigenem Kalkül. Der Philosoph Immanuel Kant entlarvt diese scheinbare Demut als »Kriechmut« oder »Kleinmut«. Für ihn ist diese Haltung nichts anderes als in Demut verkleidete Feigheit. Er geht noch weiter. Anpassungsgeist, falsche Gefälligkeit und der kritiklose Kotau vor den tatsächlich oder vermeintlich Einflussreicheren sind für ihn »falsche Demut«, ein übler Selbstbetrug, der die eigene Würde verspielt. Man merkt dem Philosophen seine Ungehaltenheit regelrecht an, wenn er in einem längeren Abschnitt über den »Kriechmut als verkleidete Demut« endet: »Wer sich aber zum Wurm macht, kann nachher nicht klagen, dass er mit Füßen getreten wird.«

Demut steht nicht im Widerspruch zum Einsatz für die eigenen Rechte. Daran erinnert schon Jesus Sirach, der biblische Demutskundler, mit Nachdruck: »In aller Demut achte Dich doch selbst und halte Dich nicht für weniger, als Du bist. Wer wird dem sein Recht geben, der sich selber schlecht macht, und wer wird dem die Ehre geben, der sich selber verachtet?« Mit Kleinmacherei oder zur Schau getragener Selbstverachtung ist die Demut deshalb nur auf den ersten Blick leicht zu verwechseln. Eine geringe Meinung von sich selbst zu haben, überall devot zu sein, sich gar vor anderen fertig zu machen und nach jedem kleinen

Fehler öffentlich zu erniedrigen, das hat mit Demut nichts gemein. Unterwürfigkeit ist die Fortsetzung des Kampfes um Aufmerksamkeit mit den Mitteln der Selbstabwertung und folgt den Allüren der Mächtigen wie ein Schatten.

Demut dagegen ist die Haltung, die Macht und faktische Überlegenheit in Verantwortung für die Gedemütigten verwandelt. Demut denkt vom Anderen her. Deshalb ist sie zuerst als Haltung der Verantwortungsträger, der Führungskräfte und der Eliten angebracht. Demut ist das Bewusstsein eigener Grenzen, die Haltung des Menschen, der weiß, dass er kein Gott ist, nur weil er ein Stück größer ist als andere. Deshalb ist Demut nicht nur eine schwierige, sondern auch eine traurige Kunst.

Die Einsicht, dass Einfluss, Macht und Anerkennung vor der Anfechtbarkeit der eigenen Person nicht schützen können, kann schwer auf der Seele lasten. Die eigenen Möglichkeiten stoßen unwillkürlich bei jedem und jeder über kurz oder lang an eine Grenze. Kein Geld der Welt, kein Messingschild an der Tür und keine Hochglanzbroschüre mit eigenem Konterfei vermögen zu kompensieren, dass der Mensch nun mal auch in gehobener beruflicher oder gesellschaftlicher Position ein Mängelwesen ist, dem die Hände gebunden sind, der Zwängen ausgeliefert ist und falsche Entscheidungen trifft. Das ist vor allem für die schwer erträglich, die mit ihrem Amt für andere das Beste wollen und ihre Fähigkeiten einsetzen, um die Welt besser zu machen. Der Grundton der Melancholie, der die Demut begleitet, hilft aber auch dazu, die eigene Position als nur anvertraute und die Macht nur als geliehene zu begreifen. Melancholie ist der Sinn fürs Vergängliche. Wer sich zugesteht, die eigene Rolle nur auf Zeit einnehmen zu können, wer sich dann und wann bewusst wird, dass danach andere kommen und vorher andere da waren, wird das Gefühl eigener Unersetzbarkeit schon im Ansatz skeptischer sehen. Die Verantwortung auf Zeit hilft, Fehler einzugestehen und falsche Erwartungen anderer so gelassen wie entschieden abzuwehren, auch wenn die hohe Meinung anderer, so vordergründig sie auch sei, der eigenen Person schmeichelt.

Demut widersteht der Eitelkeit und der Geltungsgier, weil sie um die Anfälligkeit und Kurzfristigkeit der von anderen unterstellten Großartigkeit weiß. Die alte Unterscheidung von Person und Amt kann helfen, die Verwechslung von der anvertrauten Aufgabe und der eigenen Person aufzudecken. Das ist schwer, wenn Charisma und »personality« – das englische Wort ist offenbar etwas anderes als das altertümliche Konzept von der Persönlichkeit – zu Markte getragen werden müssen, um erfolgreich zu sein. Persönlichkeit wird im »personality coaching« darauf reduziert, wie jemand aussieht, wie jemand wirkt, wie sich jemand möglichst wirksam von anderen unterscheidet. Die Selbstdarstellung wird entscheidend. Selbst große Institutionen brauchen neuerdings »Gesichter als Marken«, um sich besser zu verkaufen. PR-Strategen empfehlen diese Taktik ganz unverhohlen. Superstars, Idole und Typen, die man sich merkt, leben in einer bildfixierten Welt, in der Aufmerksamkeit teuer ist. Mit Bildern lässt es sich gut lügen. Sie zeigen nur, was in der Inszenierung sichtbar werden darf. Persönlichkeit dagegen verweist auf ein Geheimnis. Sie geht in ihrer Darstellung nie auf.

Wenn Amtsinhaber und Repräsentantinnen aus Politik, Wirtschaft, Kultur und Kirche gefeiert (oder verachtet) werden wie Popstars, dann zahlen alle einen Preis. Die, die die Coverfotos der Prominenten küssen wie Heiligenbildchen und sich von den öffentlich zur Schau Gestellten nicht weniger als Erlösung erwarten, und die, die die ihnen zugedachte Aufgabe und die damit verbundene Anerkennung auf sich selbst beziehen, beide brauchen sich und stecken in einer Spirale aus Hochmut und Demütigung fest, in der es immer schwerer wird, demütig zu bleiben. Die Versuchung kam übrigens nicht erst im Medienzeitalter. Sie ist nur technisch ausgeklügelter geworden. Knigges Verwandter im Geiste, der französische Moralist Montaigne, fasst die Verwechslung von Person und Amt in eine bitterböse Skizze. »Ich kenne Leute, die sich genauso oft in andere Gestalten und Wesen verwandeln, wie sie neue Ämter übernehmen und die selbst die Eingeweide in diesen Stand erheben und ihre Würde selbst auf dem Klosett nicht ablegen. Ich vermag ihnen nicht beizubringen, das ihnen geltende Hutabziehen von dem zu unterscheiden, welches ihrem Amt, ihrem Gefolge oder ihrem Maulesel gilt. Sie sind derart von ihrem Rang eingenommen, dass sie ihre Natur darüber vergessen. So blasen und blähen sie ihre Seele und ihre natürliche Redeweise zur Höhe ihres Amtssessels auf.« Vielleicht hilft die Erinnerung an den Unterschied von Amt und Person weiter. Denn im Selbstdarstellungszirkus wird solche Unterscheidung weitgehend kassiert. Die Aufgabe, die jemand übernimmt, wird vom Interesse an der Person verschlungen. Das macht anfällig gegen Hochmutattacken, in der die eigene Position zur zweiten Natur geworden ist.

Aus echter Demut entsteht der Widerstand gegen beiderlei Versuchungen, den Hochmut und den Kleinmut. Demut ist die Haltung, die sich zu den Niedrigen herabbeugt und sich auf diese Weise gegen die Erniedrigung auflehnt. So lässt sich die Paradoxie einer Lebenshaltung zusammenfassen, die sich aus dem Christentum ableitet. Im Zeichen des Kreuzes wird die Vorstellung von Demut auf die Spitze getrieben. Hier beugt sich sogar Gott nach ganz unten, um denen nah zu kommen, die gedemütigt am Boden liegen. Die antiken Tugendlehren hatten übrigens keinen Platz für die Demut. Sie passt nicht ins Bild der moralischen Aristokraten, denn Demut verändert die Vorzeichen wahrer Vortrefflichkeit. Sie stellt unser Verständnis wahrer Größe buchstäblich auf den Kopf.

Dass Jesus seinen Schülern die Füße wäscht, ist die biblische Erzählung, die diese Umkehrung der Verhältnisse, die in der Demut liegt, illustriert. Man stelle sich diese Situation nur einmal mit beliebigen Größen aus den Medien oder aus dem eigenen Umkreis vor. Oder sich selbst, wie man die schrundigen Füße der Nachbarin, die immer so streng riecht, in eine Schüssel mit warmem Wasser stellt, sie mit Lavendelseife einreibt und mit beiden Händen massiert, bis sie ganz weich geworden sind. Ich gebe zu, dass ich mich schon mit der Vorstellung schwer tue. Was als mittelalterliches Altarbild anrührt und erbaut, erzeugt als Szene im eigenen Leben unter Umständen Unwohlsein, das sich bis zum Ekel steigern kann. Doch Demut scheut sich offenbar nicht vor strengen Gerüchen und unappetitlichen Erfahrungen. Ohne ein gewisses Maß an Überwindung ist sie nicht zu haben.

Grundstürzende Einsichten braucht es aber keineswegs, um der Demut auf den Grund zu gehen. Demut ist die Fähigkeit, zu den kleinen Dingen emporzuschauen, hat Albert Schweitzer einmal gesagt und ein eingängiges Bild für einen vagen Begriff gefunden. Um das Kleine von unten anzusehen, braucht es einen körperlich nachvollziehbaren Positionswechsel. Wer Demut üben will, muss in die Knie gehen. Außerhalb des Aufwärmtrainings beim Sport ist das Niederknien aus dem Repertoire der Gesten verschwunden. Sogar in der Kirche sieht man nur noch selten Menschen auf Knien. Wir fühlen uns verlegen und ungelenk, wenn diese Haltung von uns gefordert wird. Nach ein paar Minuten schmerzen die Knie, es zieht in den Waden und wir erheben uns nur mühsam. Im Hinknien haben wir keine Übung. Doch liegt in der Erfahrung der gebeugten Knie ein erster Schritt zur Einübung der Demut. Wer kniet, beugt sich nicht lässig herab, um seine Größe zu demonstrieren. Es gibt ja auch eine herablassende Art, sich Kleineren zuzuwenden und ihnen den Kopf zu tätscheln. Eine kleine Beugung des Oberkörpers, ein gekonnt warmer Blick von schräg unten in die Kamera. Das ist die Haltung der Nächstenliebe. Medial lässt sich das gut inszenieren. Richtiges Knien dagegen sieht peinlich aus. Wer kniet, begibt sich freiwillig in eine lächerliche Position, um sich mit dem Kleinen und Niedrigen auf eine Ebene zu begeben. Eltern tun es, wenn sie mit ihren Kindern reden. Sie bücken sich so tief, dass sie sich mit ihrem Dreikäsehoch in die Augenhöhe begeben. Im Zweifel wird auch die gute Hose dreckig, weil der Kniefall im Sandkasten stattfindet. Aus der lächerlichen Körperhaltung wird eine zärtliche und würdige Geste.

Wer den Rücken so krümmt, ist der Kriecherei unverdächtig, die mit dem Beugen der Knie landläufig verbunden wird. Wenn in dieser Geste ein Moment der Unterwerfung steckt, dann ist es eine Unterordnung in Freiheit und Zärtlichkeit. Erwachsene, die zu dieser Geste fähig sind, wachsen unter den Blicken derer, die diese Szene beobachten, zu Riesen. Sie zeigen sich der echten Liebe fähig, die sich um die Hierarchien von oben und unten nicht schert und mehr ist als eine Form der Selbstverwirklichung über den Umweg des Anderen. In dieser Geste liegt zugleich die Würdigung des Kleinen als echtes Gegenüber. Weil die Großen sich herabbeugen, bewahren sie den Kleinen vor einer demütigenden Erfahrung. In der Logik dieses Bildes liegt die doppelte Pointe einer demütigen Lebenshaltung. Weil sich der Starke klein macht, wird der Kleine stark.

Was für die Beziehung von Eltern und Kindern stimmt, verändert auch den größeren Maßstab gesellschaftlicher Beziehungen. Sich bücken, ohne herablassend zu sein, denen auf Augenhöhe zu begegnen, die aus der eigenen Perspektive »unten« sind, ist das äußere Kennzeichen der Demut. Die eigene Macht und der Einfluss werden dem Demütigen zur Herausforderung gelebter und verantworteter Solidarität. Übersetzt hieße das zum Beispiel, dass die, die Verantwortung haben, denen begegnen, die unsichtbar bleiben, denen, die keine Stimme haben oder sie nicht vernehmlich erheben, denen, die zu hilflos zum Aushandeln eigener Vorteile sind. Mit dem Dienstwagen in ein ausgesuchtes Problemviertel fahren, um sich nach strengem Protokoll in einer Suppenküche, einem Hort mit Kindern aus Migrationshintergrund zu fahren, reicht da auf Dauer nicht. Es braucht

Orte, an denen die vielen Kontaktsperren zwischen »oben« und »unten« aufgehoben werden. Demut heißt im Althochdeutschen noch »diemuti«, Dienstbarkeit. Das alte Wort vom »Dienst« für andere wirkt als Beschreibung für öffentliche Ämter geradezu provokant, obwohl das Wort selbst allgegenwärtig ist. Immerhin ist der »öffentliche Dienst« der größte Arbeitgeber. Genaugenommen sind wir also ein Volk von Dienern und Dienerinnen. Aber wer nimmt das heute noch beim Wort? Dienst statt Karriere, das wäre das Motto derer, die Demut üben. Demut hat kein Problem damit, anderen zu dienen. Die Hierarchien mögen nicht verschwinden, der Richtungssinn von Oben und Unten verändert sich jedoch radikal, auch für jene, die eine Aufgabe annehmen. Ein »dienstbarer Geist« zu sein, wäre ab jetzt keine blumige Beschreibung für einen schlecht bezahlten Hilfsjob im unteren Lohnbereich. Das Attribut wäre im Sinne der Demut ein Kompliment für alle, die in der Lage sind, ihr Engagement wieder als Einsatz für andere anzunehmen. Man stelle sich vor, was diese Lebenshaltung für eine Revolution in Behörden und Parlamenten, in Kliniken und in Fernsehstudios, in Schulen und in Kirchen auslöste.

Allerdings zieht die Lebenshaltung der Demut eine besondere Schwierigkeit nach sich. Demut, die sich wohlgefällig beobachtet und selbst zum Thema macht, verkehrt sich flugs wieder in ihr Gegenteil. Spiritualitätsexperten, die die eigene Demut vermarkten, sind da nicht besser als die ausgebufften Politiker, die ihre Fehler mit öffentlichen Demutsbekundungen ausmerzen wollen. Das stellt schon Martin Luther fest: »Rechte Demut weiß nimmer, dass sie demütig ist«. Wer von sich selber sagt, er sei demütig, zeigt nur, dass Demut ihm fehlt. Techniken für das Training der eigenen Demut scheint es also nicht zu geben. Oder doch? Wie lässt sich eine Haltung üben, die nicht bewusst sein kann, ohne korrumpiert zu werden? Wie kann Demut zu einer attraktiven Einstellung werden, die sich vom Posenhaften demutsvoller Selbstinszenierung freihält? Wie kann aus dem Dienen eine moderne Praxis werden, die sich ganz selbstverständlich am Wohl der Anderen orientiert? Nirgendwo kippt das Pathos schneller ins Floskelhafte als dort, wo von Verantwortung, Solidarität und Dienst für den Nächsten die Rede ist.

Der Philosoph Jankélévitch weiß um das Dilemma und stellt der Demut die Haltung der Ehrlichkeit an die Seite. »Ehrlichkeit und Demut sind Schwestern. Die unerbittliche, die unbestechliche, die illusionslose Ehrlichkeit ist eine ständige Lektion in Demut. Und umgekehrt fördert Demut die ehrliche Selbstschau.« Demut verlangt nach Knieübungen, sie verlangt aber auch nach Nachdenklichkeit, die die sichtbare Regung meidet. Hier liegt vielleicht die größte Herausforderung im Umgang mit Ämtern, mit Macht und mit Verantwortung. Aufrichtigkeit braucht Zeit. Volle Terminkalender und die schier übermenschliche Arbeitsbelastung vieler Menschen verhindern die Momente des Rückzugs ausgerechnet da, wo sie am nötigsten wären. Mit der Zeit wächst Hornhaut an den Stellen, die vormals sensibel waren für kritische Bemerkungen von freundlichen Wegbegleitern. Nach und nach verhärten Menschen, die einmal mit brennendem Herzen und voller Energie die Ärmel hochgekrempelt haben, um für ihre Schüler, für ihre Stadt, für ihre Mandanten, für ihr Unternehmen das Beste zu tun. Wie will man sich auch den Sinn für die eigenen menschlichen Abgründe bewahren, wenn stets Übermenschliches gefordert wird? Demut glaubt nicht an sich selbst. Demut achtet den Anderen höher als sich selbst. Demut hegt den Selbstzweifel ohne Selbstmitleid, als dauerhafte Frage an sich selbst. Wer demütig ist, bleibt mit sich selbst unzufrieden und ist trotzdem nicht den ganzen Tag mit sich beschäftigt. Das sind nicht gerade Eigenschaften, mit denen man es in die obersten Etagen der Republik schafft. Hier gilt Zögern als Entscheidungsschwäche und öffentliches Zweifeln als Charakterfehler. Wer nicht hemmungslos davon überzeugt ist, dass er oder sie das Tollste, Beste und Schönste sind, das der Welt passieren konnte, hat schon verloren. Nachdenken ist da geradezu gefährlich und das Eingeständnis eigener Grenzen ein Berufsrisiko. Im Zeitalter von Facebook, Twitter und anderen medialen Echtzeitformaten können Einfluss, Macht und Geld vor öffentlichen Demütigungen nicht mehr schützen. Wer Demut von anderen fordert, sollte deshalb zu mehr Großzügigkeit bereit sein. Wenn Ehrlichkeit die Begleiterin der Demut ist, hat das auch Konsequenzen für die, die mehr Demut von anderen verlangen. Halten wir es denn aus, dass Politikerinnen bittere Wahrheiten verkünden, Lehrer Depressionen eingestehen, Ärztinnen über Überforderungen sprechen und Geistliche Fehler einräumen? Ertragen wir es denn, wenn offenkundig wird, dass es auf die größten Herausforderungen der Gegenwart keine einfachen Antworten gibt und die Welt in den Chefetagen genauso wenig gerettet wird wie im Sofa vor dem Fernseher, wo mit dem Bierglas in der

Hand alle Probleme auf Kissengröße schrumpfen? Oder brauchen wir den Glamour von Idolen und Halbgöttern, um den Willen zur Veränderung bequem zu delegieren und uns nach ihrem Sturz vom Sockel, den wir selber mitgebaut haben, voller Häme die Hände zu reiben? Aufrichtiger sollte auch die Forderung nach mehr Demut sein.

Ehrlichkeit braucht geschützte Räume, in denen Platz und Zeit für Luftgespinste und wilde Ideen ist, für Tränen der Wut über die eigenen Fehlentscheidungen und für Augenblicke der Erschöpfung. Es sind ja genau diese Momente, durch die die eigene Großartigkeit Risse bekommt und Handeln wieder in den Rahmen vertretbarer Selbstansprüche rückt. Diese Räume gibt es kaum. Wenn Fehltritte unverzeihlich werden, dann führt die Angst vor der Blamage dazu, dass niemand sich aus der Deckung wagt. Wo hinter jeder Ecke eine Kamera lauert und eine unbedachte Formulierung Kopf und Kragen kosten kann, weil aus ihr sofort eine Schlagzeile wird, wird die Arroganz der Macht beinahe zwangsläufig zum Schutzanzug und die Unberührbarkeit zum Panzer. Hochmut entsteht auch aus der chronischen Krankheit der Überforderung. Vielleicht ist das Bild von der herausragenden Gestalt, die sich allein und mit eingezogenen Schultern in Demut übt, schlicht Blödsinn. Ich kann mir beim besten Willen nicht vorstellen, dass Demut langfristig da gedeiht, wo ein Mensch auf sich alleine angewiesen bleibt. Die Einsamkeit der Mächtigen muss deshalb genauso zum Thema werden wie das Elend der Ohnmächtigen, wenn Demut als Lebenshaltung Schule machen soll. Wenn gilt, dass Demut auf dem Boden der Ehrlichkeit wächst, dann braucht sie ein Klima der Treue, den Mut zur

Wahrheit und Diskretion, kurz: Demut, als sich ständig erneuernde Haltung zum Dienst für andere, braucht Freundschaft. Demut braucht vor allem Menschen, die das Knien nicht lächerlich, sondern anmutig finden.

HUMOR

Wer keine Angst hat, sich auch mal lächerlich zu machen, der kann getrost auch über sich lachen, selbst wenn ihm gar nicht zu lachen zumute ist. Wie jener Eisik, der im Januar am Seeufer spazieren geht. Da sieht er plötzlich seinen Freund Löwenthal in einem Eisloch zappeln. »Löwenthal«, ruft er. »Bist Du eingebrochen?«- »Nu«, sagt Eisik mit Berliner Schnauze, »der Winter wird mich beim Baden überrascht haben.«

Hoffen wir mal, dass Eisik mit heiler Haut aus dem Loch gekommen ist. Humor ist die Haltung der Verwandlung von Niederlagen, Abfuhren, Missgeschicken, Peinlichkeit, mieser Laune, ja sogar tiefem Schmerz. Wer Humor hat, kommt aus einem bösen Streit lachend heraus, weil endlich, nach Schimpftiraden und bösen Worten, nach fliegenden Tellern und knallenden Türen, die Lächerlichkeit des Konfliktes die Oberhand über ihren Ernst gewinnt. Wer je erlebt hat, wie sich eine angespannte Situation löste, weil einer der Beteiligten die Zornesfalten in der Stirn plötzlich loslässt und die Mundwinkel zu den Ohren ziehen, bis es aus der Tiefe des Bauchraums gluckst und endlich der Kopf nach hinten fällt vor Lachen, der weiß um die erlösende Kraft des Humors. Wie komisch, sich wegen so einer Kleinigkeit zu streiten. Die schlechte Luft zieht ab. Versöhnung macht sich breit. Ein solcher Moment Erlösung spielt sich nicht nur im Kopf ab. Er ist auch körper-

lich spürbar. Deswegen ist Lachen eine heilsame Medizin. Es bringt Seele und Leib gemeinsam in Schwingung. Die Kontraktionen des Zwerchfells bewegen sich nach oben zur Lunge und nach unten Richtung Eingeweide. Endorphine werden ausgeschüttet. Der Körper wird richtig durchgeschüttelt und entspannt sich zusammen mit dem Gemüt. Erlösung heißt in der hebräischen Grundbedeutung: wieder Raum schaffen. Genau das geschieht im Lachen. Da, wo es eng wird um die Brust, macht Lachen Platz für neue Luft und neue Perspektiven. Aus verfahrenen Situationen gibt es plötzlich einen Ausweg. In ausweglose Situationen kommt neue Gelassenheit.

Wer lacht, hat weniger Rückenschmerzen, schläft besser und lebt länger. Kinder lachen im Durchschnitt dreiundneunzig Mal am Tag. Mittlerweile wird sogar der therapeutische Effekt des Lachens erkundet. Humor rückt das Verhältnis von Groß und Klein, von Wichtigem und Unwichtigem wieder ins rechte Lot. Deshalb ist sie mit der Demut verwandt. Lachen kann aber noch mehr. Es hat die Kraft zur Verwandlung. Es kann entwaffnen. Es entschärft brenzlige Situationen, es steckt an, es verbindet, es ermutigt. Meine Großmutter hielt den Humor nicht nur für die vorzüglichste Charaktereigenschaft meiner zukünftigen Ehemänner – sie auszumalen war eine Lieblingsbeschäftigung von uns, als ich ungefähr zehn Jahre alt war. In der Fähigkeit zu lachen zeigte sich ihr die Menschlichkeit eines Gegenübers. Darum glaubte sie fest an den Ernst des Lachens. Tiere lachen nicht. Misanthropen auch nicht. Vielleicht ist es kein Zufall, dass das Wort »Humor« im schwergewichtigen deutschen Wörterbuch der Philosophie zwischen den Einträgen »Humanität« und »Hybris« zu finden ist. Komik triumphiert über den Nazismus, eine witzige Bemerkung siegt über einen peinlichen Moment, aufgeplusterte Probleme schrumpfen auf Normalmaß und Elefanten verwandeln sich wieder in Mücken zurück. Kein Wunder, dass der Humor die Eigenschaft der Weisen war, die sich flugs als Schelmen verkleiden. Wer in der Lage ist, auch noch im tragischen Moment das Komödiantische zu sehen, der braucht wahrlich schelmische Phantasie. Humor mag auch der Unterhaltung dienen, interessant wird er als eine Haltung mit Konflikt lösender Kraft. Auch innere Konflikte lösen sich im Lachen buchstäblich in Luft auf.

Immanuel Kant hat das Geheimnis des Humors als Frage nach der Menschlichkeit des Menschen in seinen Gedanken bewegt. Er hat ein ganzes Kapitel über das Lachen geschrieben. Sein anekdotisches Resumée beginnt mit einem Zitat von Voltaire, dem Kollegen aus Frankreich. Der hatte einmal festgestellt, »der Himmel habe als Gegengewicht zu den vielen Mühseligkeiten des Lebens zwei Dinge gegeben: die Hoffnung und den Schlaf.« Kant merkt an, diese Reihe sei unbedingt durch das Lachen zu ergänzen. Der Lebensüberdruss verwandelt sich, wenn das Insichverkrümmtsein erst einmal als komische Haltung erkannt wird, in neue Offenheit dem Anderen gegenüber. Die Möglichkeit zur Selbstdistanz und zur Selbstrelativierung, zu der der Humor befähigt, heilt unbotmäßige Selbstliebe ebenso wie unangemessene Selbstverachtung. »Nimm dich nicht zu ernst« heißt die Botschaft, die aus dem Lachen kommt. Das heißt nicht, dass Probleme einfach weggelächelt werden sollen. Das künstlich eingefrorene Lachen, das bisweilen auf Gesichtern erscheint, ist in der Regel eine hilflose Maskerade. Und das stoische Lächeln, das mit philosophischer List die eigene Trostbedürftigkeit verlacht, führt eher in den Nihilismus als zur Erleichterung. Humor als Lebenshaltung verändert dagegen die Perspektive auf problematische Situationen. So werden diese erträglicher. Lachen ermäßigt den allzu großen Lebensschmerz, der vom Selbstmitleid bis zum echten Leid reichen kann. In den Nachtwachen des Bonaventura wird das Lachen als Daseinsbewältigungsmittel zur täglichen Anwendung in einem Gebet beschworen: »Wo gibt es ein wirksameres Mittel gegen den Hohn der Welt und selbst dem Schicksale Trotz zu bieten als das Lachen? Vor der satirischen Maske erschrickt der gerüstete Feind, und selbst das Unglück weicht entschlossen von mir, wenn ich es zu verlachen wage! Lass mir nur das Lachen mein Leben lang, und ich halte es hier unten aus!«

Wer den Humor zu einer heilsamen Lebenshaltung erklärt, der bewegt sich allerdings buchstäblich auf schlüpfrigem Gelände. Es gibt schließlich Arten des Gelächters, die so dämlich sind, dass neue Peinlichkeit entsteht. Da ist der schenkelklopfende Zotenreißer, der ohne frauenfeindliche oder rassistische Gags keine Erfolge feiert. Das hysterische Gelächter der Spaßgesellschaft, die erst lacht, wenn reichlich Alkohol geflossen ist. Lachen auf Kosten anderer ist ein bewährtes Mittel der Demütigung, denn wenn Spott richtig trifft und lang genug andauert, kann er tödlich sein. Verletzend ist oft auch beißende Ironie, die in seltenen Fällen krampflösend wirkt, in der Regel aber, vor allem wenn sie sich gegen andere wendet, andere dumm dastehen lässt. In gröberen Fällen zeigt Ironie sich als Sarkasmus, ja, sie kann ihre Klingen bis zum Zynismus schärfen. Ironie lacht nicht, ihre Lippen bleiben schmal. Aber sie vermag aus den Augenwinkeln ihre Messer blitzen zu lassen und rhetorisch brilliant ihre Stiche auszuteilen, wenn es gut läuft, immerhin auch zur Selbstverletzung bereit. Das ist manchmal ein intellektuelles Vergnügen. Aber Ironie ist die Haltung der Distanz. Auch das kann manchmal entlasten. Doch der mit dem Florett der Ironie ficht, steht meistens in Verteidigungsposition, er ist auf Abwehr oder Überlegenheit ausgerichtet. Und schwarzer Humor ist eher ein Zeichen für inneres Grimmen denn ein wortwitziger Befreiungsschlag aus düsteren Gemütslagen. Thomas Mann, selber wohl eher ein Ironiker, hat einmal zwischen intellektuellem Lächeln und »herzaufquellendem Lachen« unterschieden. Das Verziehen der Mundwinkel kann ein beredtes Zeichen von Arroganz sein.

In düsteren Momenten kann schwarze Komik allerdings auch Ausdruck einer tiefen inneren Freiheit sein, als Humor, der im Witz aus der Rolle des Opfers befreit. Für die Sekunde einer Pointe fassen die Lachenden die Freiheit am Schlafittchen, als Freiheit des Geistes. Deshalb erzählen Holocaustüberlebende Judenwitze. Dieser Humor, dem Abgrund der Verzweiflung abgerungen, erzeugt einen Moment des Entrinnens. Es gehört zu den Geheimnissen des Lachens, dass da, wo alle Erklärungen und jedes Verstehen angesichts der Barbarei verstummt, der Humor eingreift. »Das Lachen über die Mörder bleibt einem im Halse stecken, doch der Witz ist ein Triumph über das Verbrechen.« Der rumänisch-jüdische Regisseur Radu Mihaileanu hat in seinem Film »Zug des Lebens« eine solche Komödie des Schreckens erzählt. Hier deportiert sich während des Krieges ein jüdisches Dorf in Polen selbst. Die Dorfbewohner entern eine Dampflok, kostümieren sich mit Uniformen, legen sich den Kommando-Ton der Nazis zu und dampfen ab, von immer neuen Abenteuern und dem echten Naziterror unterbrochen, ins heilige Land, in die Freiheit, die am Ende nur ein Traum ist. Der Film führt alle Stereotypen der Verfolgung ad absurdum. Als eine wirkliche Nazieinheit den Geisterzug stoppt, erklärt der Anführer, ein echter Schlemihl, seinen Geheimauftrag so: es seien nur kommunistische Juden in den Waggons. So spare man sich einen Zug. Schlomo, der Witzbold von der traurigen Gestalt, der eigentlich Rabbiner werden wollte, als die Zeiten noch besser waren, verknüpft seinen hellen Schelmenverstand mit der dunkelsten Erfahrung der Menschheit.

Lachen kann auch entlarven und demaskieren. Das ist in anderem Sinne erlösen. Wie das Märchen von Hans Christian Anderson, das von des Kaisers neuen Kleidern erzählt. Der Souverän hat diesmal eine besondere Garderobe gewählt und spaziert vor seinen Untertanen durch die Straßen. Die schauen gelähmt auf das Schauspiel und mucken nicht, bis ein kleines Mädchen ausspricht, was es sieht. »Der König ist nackt!« Guter Humor steht mit der Wahrheit im

Bunde. Warum sonst haben Diktatoren immer schon Angst vor dem Gelächter? Das Kabarett kann ihnen genauso gefährlich werden wie eine Guerillaaktion. Lachverbote aller Art bezeugen Angst vor Kontroll- und Gesichtsverlust. Karikaturen und politische Witze, sogar alte Legenden, die in neuem Kontext Zündstoff bieten, stehen unter Strafe. Je geschlossener die Mauern, von mittelalterlichen Mönchsorden bis zum eisernen Vorhang, desto heftiger der Aufruhr, der sich von unten her Bahn bricht und in Humor entlädt, als Waffe der Ohnmächtigen, die zumindest verbal, im Konjunktiv, im Bild oder in der stummen Szene aus ihrer Ohnmacht befreit. In totalitären Regimen floriert der Humor. Hier wird das Lachen politisch. »In einer Diktatur kann man nicht apolitisch sein. Letztendlich ging unsere so genannte Revolte um das Lachen. Für eine Diktatur ist es schon schwierig genug, wenn man über sie lacht. Wenn man aber in einer Diktatur lacht, ist das für die Herrschenden lebensgefährlich. Denn es bedeutet, dass ihre Stunden gezählt sind«, stellt Péter Esterházy rückblickend fest. Humor ist eine Haltung des Überlebens der Freiheit in der Unfreiheit. Manchmal kippt ein Lachanfall deshalb ins Weinen. Wenn Paulus von sich selbst als einem Narren für Christus spricht, ist dieser Widerstand gemeint, der aus dem Machtgebaren seiner Verfolger einen Popanz macht.

Die Weisheit des Humors ist der Weisheit des Glaubens in vielem verwandt, auch in der fröhlichen Widerständigkeit gegen selbstverschuldete oder auferlegte Unfreiheit. Leider gibt es viele Indizien, die das Lachen in der Religion diskreditieren. Für viele Kirchenführer war die Sache klar. Lachen ist ein teuflisches Vergnügen. Deshalb gehört es verboten. Vor allem Fundamentalisten hassen den Humor. Ihre Religion erträgt den weiten Raum nicht, der in der Erlösung des Lachens aufscheint. Umberto Ecos Roman »Im Namen der Rose« führt einem Millionenpublikum vor, dass Lachen in bestimmten Spielarten des Christentums nichts zu suchen hatte. Natürlich gibt es allerhand Witze über Pfarrer und Priester, wie es Blondinen- und Ostfriesenwitze gibt. Über religiöse Menschen lässt sich auch trefflich lachen. Aber darf man sich *über* Religion lustig machen? Viele stöhnen und grummeln. Ja, ist uns denn nichts mehr heilig? Schnell werden in erregten Leserbriefen verletzte Gefühle vorgeführt und wird nach dem Staatsanwalt gerufen. Blasphemie ist neuerdings wieder ein öffentlich diskutierter Tatbestand. Unter dem langen Schatten des Karikaturenstreites steigt die Aufmerksamkeit gegenüber künstlerischen oder publizistischen Tabubrüchen gegenüber Religion. Lange schien gönnerhafte Gleichgültigkeit die vorherrschende Stimmung zu sein. Seit Religion auch öffentlich als ein Zugang zum Leben registriert wird, der nicht einfach im Laufe des modernen Lebens verschwindet, lässt es sich auch wieder trefflich provozieren. Ja, es gibt geschmacklose, ärgerliche und maßlose Scherze, Kunstwerke, die religiöse Symbole banalisieren, und Redner, die in ihrem modernen Kampf gegen Gott das Einmaleins des Respektes vergessen wie schlecht erzogene Kinder. Das kann die, für die dieser Glaube eine Sache von Leben und Tod ist, schon auf die Palme bringen. Ich kann mir aber keinen Gott vorstellen, der sich durch eine solche Art Tabuverstoß verletzen lässt. Und wahrhaft religiöse Menschen begegnen dem spöttischen Gelächter mit fröhlicher Gelassenheit. Humor ist ein guter Schutz gegen die Überempfindlichkeit religiöser Gefühle. Genaugenommen ist die Gleichgültigkeit gegen Religion schlimmer, als wenn über sie gelacht wird. Noch im pubertären Kichern wird die zur Schau gestellte Verachtung, die manchmal auch nur notdürftig kaschierte Verlegenheit oder gar vertuschte Sehnsucht ist, zum Symbol für die Beachtung.

Was man gar nicht mehr ernst nimmt, lässt sich auch nicht lächerlich machen.

Kann man *aus* Religion lachen? Humor war für meine Großmutter ein Kennzeichen des Glaubens. Miesepetrige, übellaunige Frömmigkeit war ihr ein Greuel. Auch von der verhaltenen, geistig-unsichtbaren inwendigen Fröhlichkeit mit verkniffenen Mundwinkeln ließ sie sich nicht hinters Licht führen. Sie mochte Menschen, die sich vor Lachen schüttelten, bis ihnen die Tränen liefen. Als treue Gottesdienstbesucherin bevorzugte sie Geistliche, die die Gemeinde zum Schmunzeln bringen konnten. Ihr selbst saß oft ein Schalk im Nacken. Nur wer sich selbst zu ernst nimmt, versteht keinen Spaß, sagte sie immer. Nur ganz wenige komische Geschichten über das Christentum treffen mit ihren Pointen ins Zentrum des Glaubens. Selten ziehen sie ihre Zuhörer in den Sog der Heiterkeit, aus der Menschen leben, die mit ihren Macken und Niederlagen lachend umgehen können, weil sie sich im Grunde ihres Herzens angenommen wissen. Wer daran glaubt, dass der wahre Wert des Menschen durch Gesichtsverluste aller Art nicht zu beschädigen ist, kann sich selbst ruhig sogar der Lächerlichkeit preisgeben.

Hat Jesus gelacht? Auf den großartigen Bildern der christlichen Kunst sieht er oft so aus, als hätte er schon zu Lebzeiten nichts zu lachen gehabt. Zu ernst war seine messianische Mission. Nur manchmal blickt er verschmitzt auf die Betrachter, mit dem weisen Blick der Schelmen. Wie hätte er auch ohne Sinn für Humor mit den Kindern spielen sollen, die ihm ein Vorbild des Gottvertrauens sind? Und überführt er die Religionsgelehrten nicht mit einer Prise rabbinischem Witz? Das Bild vom Kamel, das sich durch ein Nadelöhr zwingt, hat schon karikaturhafte Züge. So grotesk komisch sieht ein Reicher aus, der in den Himmel drängt. Die Reichen, die im Publikum stehen, finden das sicher nicht komisch. Aber die Armen grinsen und glucksen. Und zeugt es nicht von einem hintergründigen Spaß mit den hundertprozentigen Nachfolgern, die meinen, dass man angesichts des Ernstes der Lage rastlos für die rechte Sache arbeiten müsse, wenn Jesus im Rahmen einer Festgesellschaft aus Wasser neuen Wein machte? Ein ziemlich diesseitiges Wunder im Vergleich zu den Krankenheilungen, mit denen er ein göttliches Zeichen setzte. Jesus hatte Lachfalten im ganzen Gesicht, da bin ich mir sicher. Wir haben sie den Geschichten über ihn nur ausgetrieben. Lachen ist allerdings eine augenblicksgebundene Angelegenheit. Wie die sprichwörtliche Situationskomik lebt es vom Moment und lässt sich deshalb so schlecht tradieren. Es ist ja schon anspruchsvoll genug, eine witzige Geschichte nachzuerzählen, über die man noch gestern so herzlich gelacht hat. »Erzähl doch mal«, heißt es dann. Nichts schwieriger als das. Wie jemand lacht, mit welchen Geräuschen Luft aus der Kehle kommt, wie er schmunzelt, das kann nur sagen, wer sein Leben mit jemandem teilt. Lachen braucht Geistesgegenwart. Deshalb ist es auch mit der Klugheit verwandt, die Urteilsschärfe und tiefe Einsicht ins Erzählerische wendet. Luthers Tischreden gehören genauso dazu wie die Kalendergeschichten von Johann Peter Hebel. Der Humor des einen ist derb und um keinen Kalauer verlegen, des anderen Witz fein und zart. Doch ihr menschenfreundlicher Ton sorgt dafür, dass »die Moral von der Geschicht« sich über das Schmunzeln einprägt, denn beide parodieren die Macken der Menschen ohne pädagogische oder theologische Überlegenheit. Ihre Witzfiguren sind unsere Spiegelbilder. So macht sogar Selbsterkenntnis Spaß.

Humor hat auch Auswirkungen auf andere Haltungen des guten Lebens. Ohne ihn können die besten Tugenden gnadenlos werden. Wer in seinen Haltungen humorlos bleibt, wird über kurz oder lang gnadenlos, herzlos und hart. Konsequenz bis zum Letzten ist das Markenzeichen humorloser Leute. Wer dagegen seinen Mitmenschen mit Augenzwinkern begegnet und deshalb auch mal Fünfe gerade sein lässt, erlaubt sich selbst auch dann und wann die Haltung zu verlieren. Humor macht barmherzig.

BARMHERZIGKEIT

Barmherzigkeit und Mitleid haben keine gute Presse. Bloß kein Mitleid, heißt es, denn Mitleid macht schwach. Wer auf die Großzügigkeit seiner Mitmenschen angewiesen ist, ist ganz unten angekommen. Das Erbarmen Anderer ist ein Armutszeugnis. Für viele ist Barmherzigkeit nur die Vorstufe zu einem verbrieften Recht auf Solidarität. Wo früher nur Barmherzigkeit war, ist heute der Wohlfahrtsstaat, war vor kurzem in einer großen deutschen Tageszeitung zu lesen. Der Artikel endete: Wir wollen ja nicht zurück zu einer Kultur der Barmherzigkeit. Vielleicht kommt aus diesem Geist auch die Frage eines Zehnjährigen im Religionsunterricht. Die Geschichte vom Barmherzigen Samariter stand auf dem Stundenplan. Die bekannteste Geschichte der Bibel und so etwas wie die Urszene des Christentums. Ein Mensch liegt verletzt am Straßenrand und Passanten reagieren menschlich. Sie blicken weg, haben Wichtiges zu erledigen, können kein Blut sehen, finden, das Opfer sei vermutlich selber schuld oder einfach nur betrunken. Das alles finden Fünftklässler verständlich wie empörend. Dann kommt die Sprache auf den berühmten barmherzigen Samariter, der den Verletzten versorgt. »Wieso ruft er denn nicht den Notarzt? Hatte der sein Telefon vergessen?«

Die Haltung des Erbarmens ist auch für die nicht leicht auszuführen, die sie zeigen wollen. Eine falsche Geste, ein unbedachtes Wort, und die Barmherzigkeit demütigt das

Gegenüber, das der Hilfe bedarf. Wo Barmherzigkeit im Spiel ist, ist die Scham nicht weit. Wenn die Demut die traurigste ist, ist die Barmherzigkeit die heikelste unter den Tugenden. Sie muss auf Zehen gehen und braucht Fingerspitzengefühl. Güte verkommt in der modernen Gesellschaft entweder zur Schlagzeile von Charityladies, die quadratmetergroße Schecks in die Kamera halten, oder zur Neurose von Leuten mit Helfersyndrom. »Der braucht das Gefühl, gebraucht zu werden«, heißt es schnell mit spitzem Unterton. Doch auch wir können nicht auf Barmherzigkeit verzichten. Die sozialen Errungenschaften einer solidarischen Gesellschaft, die für die einsteht, die nicht für sich selber sorgen können, ist kein Argument gegen das Mitleid und das Erbarmen. Wir haben doch den Wohlfahrtsstaat, soll der sich doch um die kümmern, die es brauchen, lautet der gängigste Einwand gegen die Barmherzigkeit als Lebenshaltung, schließlich ist aus dem Almosen ein Rechtsverhältnis geworden.

Selbst die, die sich von nahem und fernem Unglück anrühren lassen, können die Werke der Barmherzigkeit delegieren, per Dauerauftrag, Mitgliedschaft oder Sachspende. Hungernde speisen, Frierende kleiden, Durstige tränken, Kranke pflegen, Fremde beherbergen, Gefangene besuchen, Tote bestatten. Die sieben Werke der Barmherzigkeit, die die Bibel nennt, beschreiben längst das Programm großer Hilfswerke und kleiner Initiativen, die rund um den Globus, strategisch versiert und logistisch gut ausgerüstet, Hilfe bringen. Doch ist das offensichtlich nicht genug. Die Zahl der Hungernden, Frierenden, Durstigen, Gefangenen und Toten steigt, nicht nur im Weltmaßstab. Auch im eigenen Land. Ist Barmherzigkeit da nicht der sprichwörtliche Tropfen auf dem heißen Stein, der sofort verdampft?

Böse Zungen behaupten ja sogar, die Haltung der Barmherzigkeit helfe vor allem dem, der sie zeigt, weil er sich besser fühlt angesichts des Elends von Menschen, auf deren Kosten er lebt. Barmherzigkeit gilt deshalb als naiv. Besser als Barmherzigkeit ist die Veränderung der politischen Situation, heißt der nächste Einwand gegen die Barmherzigkeit.

Einmal abgesehen davon, dass die, die sich von der Not der Welt erbarmen lassen, Hilfe durchaus mittels moderner Errungenschaften von Technik und Management verteilen und aus ihrem Erbarmen eine soziale oder politische Gegenmaßnahme erwachsen lassen, ohne dass das Erbarmen dadurch kleiner wird, bedeutet Erbarmen mehr und anderes, als Katastrophen und akuten Notlagen tatkräftig zu begegnen.

Die Haltung des Erbarmens zeichnet sich zuerst durch einen wachen Blick aus. Leid will erkannt werden, auch wenn es sich verbirgt, aus Scham, Verlegenheit oder sogar als kaschierte Unverletzlichkeit. Elend versteckt sich nämlich gerne, weil viele Wunden gar nicht äußerlich bluten. Wo sind die Opfer moderner Wegelagerei? Wo liegen die Verletzten und Ausgeraubten heute im Graben? Die Haltung des Erbarmens leitet sich zuerst nicht von den Gesten des Helfens ab, die der barmherzige Samariter verkörpert wie kein anderer – die Hände, die Verletzte aus den Trümmern ziehen, Wunden verbinden und Sterbenden über die Stirn streichen. Eine Kultur der Barmherzigkeit identifiziert zuerst, was Menschen heute leiden macht. Neue Notlagen zu erkennen und sich nicht abzuwenden, wenn noch kein System der Hilfe gefunden ist, ist die eigentliche Kunst der Barmherzigkeit. Wo körperliche Wunden jeglicher Art professionell verbunden werden, gibt es jede Menge anderer Nöte, die erfinderisch machen könnten. In einer Kultur der Barmherzigkeit gehen wir anders mit denen um, die in einer Leistungsgesellschaft nicht mitkommen, sondern buchstäblich auf der Strecke bleiben. Noch vor der helfenden Tat kommt die Berührung durch das, was dem Anderen zugestoßen ist, und zwar unabhängig davon, ob der, der auf dem Boden liegt, Schuld an seinem Elend hat oder nicht. Barmherzigkeit sieht über Ursachen und Anlässe hinweg. Der Freiherr Knigge beschreibt die Fähigkeit des echten Mitleidens so: »Frage nicht, ob der Elende sein Elend verdient hat oder nicht.«

In der christlichen Tradition hat Barmherzigkeit noch eine weitere Dimension, die nicht in der bedingungslosen Zuwendung zu den Schwachen aufgeht. Ein kleiner Text im Lukasevangelium eröffnet die ganze Fülle der Barmherzigkeit. »Richtet nicht, so werdet ihr nicht gerichtet werden. Verdammt nicht, so werdet ihr nicht verdammt. Vergebt, so wird Euch vergeben.« Und wie zur Erläuterung kommt das berühmte Bild von dem Splitter im Auge des Bruders, auf den wir zeigen, während wir den Balken im eigenen Auge nicht sehen. Erbarmen ist die Haltung der Vergebung.

Diesen Notstand kann kein Hilfswerk der Welt für uns übernehmen. Ohne unsere eigene Haltung geht es nicht. Die wahre Erbarmungslosigkeit liegt in der Brutalität der Urteile über den anderen. Wir empören uns zwar zu Recht über die Todesstrafe, doch die sozialen Strafen, die wir verhängen, können fast so drastisch sein. Wir ächten und stellen an den Pranger. Was können wir anderen nicht alles nachtragen. In jedem neuen Konflikt heißt es dann: »Was du mir damals angetan hast.« Wer einmal einen Fehler gemacht hat, sitzt oft Jahre lang in der Falle. Und die schnappt immer dann zu, wenn der Vorfall beinahe vergessen scheint. Das kann mürbe machen wie eine Gefängnisstrafe. Reflexhaft kommt immer wieder jemand auf den Fehltritt zu sprechen. Wer auf Erbarmen hofft, ist meistens schief gewickelt. Recht muss sein, und wer sich im Recht fühlt, kann keine Gnade walten lassen.

Die Seelennöte, die aus unvergebener Schuld erwachsen, türmen sich nicht nur vor unseren Türen auf. Sie wachsen im eigenen Wohnzimmer. Es ist nämlich schwer, Erbarmen zu zeigen und zu vergeben, wo man verletzt worden ist. »Das vergesse ich nie« ist ja nicht nur ein Spruch, den man dem anderen vor Wut entgegenschleudert. Er entspricht ja auch einer Erfahrung. Wie ein Splitter, der im Auge sitzt, werden wir immer wieder daran erinnert. Es juckt, es tut weh und es brennt. Es ist auffällig, dass Menschen, die besonders unerbittlich mit anderen sind, gleichzeitig sehr großzügig mit den eigenen Schwächen umgehen. Da der Splitter, hier der Balken. Für die Philosophin Hannah Arendt ist die Möglichkeit, verzeihen zu können, die großartigste Gabe, die der Mensch hat. Vergeben können bedeutet nämlich, noch einmal neu anfangen zu können. Wer sich des Anderen erbarmt, wer aus der Spirale der vorwurfsvollen Blicke und der spitzen Bemerkungen auszubrechen in der Lage ist, spricht nicht nur den Anderen frei, er fühlt sich auch selbst wie befreit. Die Luft, die vorher stickig mit Vorhaltungen war, ist wieder klar und frisch. Doch Vergebenkönnen ist eine schwierige Kunst. Denn Vergeben ist nicht Vergessen. Wenn Gras über eine Sache gewachsen ist, ist immer noch die Gefahr da, über sie zu stolpern. Vielleicht ist die Gefahr sogar noch größer, wenn die Sache im Untergrund lauert. Sie ragt schneller aus dem Boden, als den Beteiligten lieb ist. Beim nächsten Streit, bei der nächsten Erinnerung. Vergebungsbereitschaft ist bei den Menschen am stärksten ausgebildet, denen selbst schon vergeben worden ist. Wer erfahren hat, wie gut das tut, wenn jemand sagt: »ich verzeihe Dir«, kann auch glaubhafter vermitteln, dass es ihm selbst ernst damit ist. Vergebungserfahrungen zu sammeln ist deshalb ein wichtiges Erziehungsziel. Das setzt natürlich voraus, dass Eltern ihre Kinder um Entschuldigung bitten können.

Ein offenes Wort der Reue, eine Umarmung, die auch noch Tränen der Scham und der Verletzung zulässt. Entspanntes Lachen. Vergebung gibt Beziehungen eine Geschichte mit Tiefpunkten und mit Höhepunkten. Vergebung ist deshalb ein Schlüssel zur Treue. Versöhnung macht starke Bindungen. Wer Vergebung zuspricht und trotzdem immer wieder auf alte Fehler zurückkommt, ruiniert allerdings seine Glaubwürdigkeit. Nachtragende Gedanken gehören, bitte schön, vertrieben wie lästige Fliegen. Wer ihnen immer wieder nachgibt, bringt auch sich selbst um den fälligen Neuanfang. Vielleicht ist Barmherzigkeit manchmal weniger eine Frage des Gefühls als der Disziplin. Nur so wird das Gerede von der Liebe konkret, als Haltung, die sich zur Not auch gegen die eigene Kleinlichkeit richtet. Großzügigkeit will geübt sein. Die Freude an dem, was sein soll, macht auch das Vergebenkönnen leichter. »Mir ist Erbarmung widerfahren«, heißt es in einem alten Kirchenlied. Der christliche Gott ist großzügig. Er trägt nichts nach und stürzt sich restlos, ohne Wenn und Aber, in jeden neuen Anfang, als wäre nichts gewesen. Neuanfänge sind seine Spezialität. Die ganze Bibel liest sich wie ein Drama aus Schuld, Vergebung und Neuanfang. In einer Gesellschaft, die sich selbst in Vorwürfen und Schuldzuweisungen knebelt, anstatt mit Versagen offen umzugehen, führt die Haltung der Barmherzigkeit vielleicht auf einen Weg der zaghaften Neuanfänge.

MASS

Wer den Hals nicht voll kriegt, der wird fett. Erst spannt die Hose, Pölsterchen drücken sich über den Bund. Irgendwann schmerzen die Hüften und die Kleider gibt es nur in Sonderfachgeschäften XXL. Wer beim Essen jedes Maß vergisst und alles hemmungslos ist sich reinschaufelt, der wird träge und unerotisch. Über kurz oder lang macht das Herz schlapp. Die Drohszenarien lesen sich wie mittelalterliche Flugschriften, die, mit drastischen Bildern übergewichtiger Leute illustriert, die Menschen vor der Hölle warnen sollten. Heute stammen die Bilder der Abschreckung aus Apothekenzeitschriften und Modemagazinen. »Völlerei« hat es als einzige Todsünde ohne Abstriche bis in die Moderne geschafft. Nur sündigt man nun nicht mehr gegen Gott, sondern gegen sich selbst, gegen das erwartete gute Aussehen, die um Jahre verlängerte Jugend. Die Sehnsucht nach der Selbstperfektionierung hat sich so gesteigert, dass der Soziologe Manfred Prisching von einer neuen »Zwangsgesellschaft« sprechen kann, die jegliches Maß verloren hat. In der allgemeinen Selbstverpflichtung zur Schönheit, Fitness und Jugendlichkeit greifen Menschen zu bizarren Mitteln. Sie spritzen sich Nervengifte unter die Haut und suchen mittels Antialterungstechniken auch noch als 70jährige den Enkeln Konkurrenz zu machen. Maßlos ist der Drang, der Unsterblichkeit so nahe wie möglich zu kommen.

Um der Gier vor dem Kühlregal Herr zu werden und die lästigen Pfunde wieder los zu werden, unterwerfen Menschen sich rigorosen Fastenregeln und der gnadenlosen Observanz selbstgewählter Gemeinschaften wie »Weight watchers« oder den Diätforen im Internet. Ihre Bibel ist der Ernährungsratgeber. Sie beugen sich ihrem schlechten Gewissen, das bei jeder Torte zuviel anschlägt wie ein Höllenhund. In dieser säkularen Körperreligion sind Körpermaße, Diäten und das Idealgewicht die Mittel zum leiblichen und seelischen Heil. Mit dem »Zuwenig« und »Zuviel« ungesättigter Fettsäuren, Vollkornprodukte oder Bauchwegtrainings kann man schon eine ganze Konversation bestreiten. Für manche Menschen werden ihre gefühlten Körpermaße zur Qual und ihr Umgang mit dem Essen zur Sucht. Auch das macht krank. So hungern sich wunderschöne Mädchen aus Angst vor dem Dickwerden zu Tode. Aus der Angst vor dem Zuviel erklären sie den Mangel zur Tugend. Den Mangel hinter dem Mangel verstecken sie so. Mäßigung heißt auch der Ratschlag derer, die ihr Körpergewicht ohne Übertreibung halten wollen. »Von allem in Maßen« ist der ultimative Tipp für die Volksgesundheit. Doch wer in anderen Lebensbereichen das richtige Maß anmahnt, gerät schnell auf die Seite der Genussfeinde. Kritik an der Unmäßigkeit, die als Ethik des Verzichts gepredigt wird, gehört ja auch zum Standardrepertoire der Kulturkritik und zum Lieblingsthema vieler Weihnachtspredigten. Dabei gibt es gute Gründe, die Völlerei auch im übertragenen Sinn zur Volkskrankheit zu erklären. Wir sind zu fett. Zu viele Bratwürste sind da vielleicht das geringere Problem. Die vollgestopften Kleiderschränke der Fashionvictims, die überquellenden Spielzeugregale in den Kinderzimmern, die mit Zweit- und Drittwagen vollgestopften Autobahnen, die Schlangen vor jeder technischen Neuerung, die unbedingt jeder braucht, obwohl wir gestern noch ganz gut ohne auskamen. Der unsichtbare Wohlstandsbauch macht uns mindestens so zu schaffen wie der, der nicht mehr in die Hose vom letzten Sommer passt. Wenn Maßlose Opfer ihrer Wünsche sind, dann gehört die westliche Wohlstandsgesellschaft zweifellos dazu. Wo kein Wunsch mehr offen ist, stiften wir geschickt neues Begehren. Auch Büchersammler sind nicht automatisch bessere Menschen als die, die Autos, Uhren oder original signierte Fußballbildchen sammeln. Besessene, bei denen sich eine Leidenschaft verselbstständigt hat. Wer an jedem Tag Überstunden macht und auch am Sonntag aus dem Büro nicht fernzuhalten ist, nennt sich – oft mit Stolz in der Stimme – einen Workoholic. Doch Arbeitssucht mag gesellschaftlich als Zielstrebigkeit oder Loyalität zum Unternehmen anerkannt werden, die sprachliche Nähe des Etiketts zum Alkoholismus kommt nicht von ungefähr.

Viele Formen der Maßlosigkeit sind mittlerweile als Süchte anerkannt. Kaufsucht und Spielsucht, Internetsucht und die Bewegungssucht der Sportjunkies. Es gibt aber auch subtile Süchte. Der alte Knigge spricht von »Ehrsucht und Gefallsucht« als den verbreiteten sozialen Suchtformen, für die es keine Selbsthilfegruppen gibt. Vor Publikum zu sprechen, in den Medien gefragt zu sein, auf Bühnen erst das ganze Potenzial zu entfalten, Applaus kann auch abhängig machen. Das gilt im Sportverein genauso wie in der Schule oder in der Kirche. Georg Franck spricht deshalb mit guten Gründen von einer »Ökonomie der Aufmerksamkeit«, die in der modernen Mediengesellschaft eine Art mentalen Turbokapitalismus erzeugt. Nur wer auf sich aufmerksam machen kann, wird wahrgenommen. Beachtungsgewinne steigern sich deshalb ins Maßlose. Das gilt übrigens nicht nur für die so genannten Prominenten, die, die es werden wollen, und die, die es bleiben müssen. Die Selbstvermarktung ist längst im Alltag angekommen.

Ob einer im Leben zählt, das hängt davon ab, woher er seinen Mehrwert nimmt und wie viel Aufmerksamkeit er auf sich lenken kann. Wer arm an Beachtung ist, ist leider auch arm an Chancen. Das ist die zynische Übertreibung einer Medienwelt, die längst mitten in der Politik und im Kulturbetrieb angekommen ist. Einmal Popstar sein ist nur die pubertäre Variante dieses Traums. Deshalb bliebe wohlfeile Konsumkritik nur an der Oberfläche. Und billig. Denn wer will bestreiten, dass wir das, was wir begehren, gar nicht im strengen Sinne des Überlebens brauchen. Wer fragt, wie die materiellen und idealen Güter verteilt sind, erkennt, dass sich nicht alle die Bäuche an den Errungenschaften der Warenwelt vollschlagen. Es gibt ja die, die sich schamvoll mit ihren gebrauchten Plastiktüten in die Suppenküchen schleichen, Frauen, die sich grundsätzlich nur »last season« kleiden, mit dem, was in der Kleiderkammer oder im Second-Hand-Laden hängt, und Männer, die etwas darum gäben, überhaupt zu arbeiten.

Wenn die Schere zwischen Reich und Arm immer weiter auseinanderklafft, wird die Frage nach dem rechten Maß zu allererst zur Frage nach der Gerechtigkeit. Deshalb ist auch die Gerechtigkeit von Anfang an in die Haltung des Maßes involviert. Doch jetzt wird es schwierig. Wo liegt denn das rechte Maß? Wie groß dürfen die Einkommensunterschiede denn sein? Wann wächst die Gier der einen und der Neid der anderen sich zu einer Unwucht aus, die den Gemeinsinn gefährlich ins Schlingern bringt? Wie viele Schuhe braucht ein Mensch? Und wie viel Aufmerksamkeit? Maßlosigkeit bindet sich auch an unsichtbare Güter. Die Frage nach dem Maßstab des Maßes muss immer wieder neu und anders beantwortet werden, er lässt sich nicht einfach wie ein Zollstock aus der Tasche ziehen. Das rechte Maß ist mit dem Bild der Waage ganz gut getroffen, allerdings nicht in der digitalen Variante moderner Diätexperten, die heute in jedem Badezimmer steht. An der alten Küchenwaage und an der Waage, die Justitia, die Tugend der Gerechtigkeit, in der Hand hält, zeigt sich das Maß als bewegliche Balance, die immer wieder neu ausgelotet werden muss. Hilfreich finde ich einen biblischen Grundgedanken. Das rechte Maß muss am Wohlergehen der Ärmsten in einer Gesellschaft orientiert sein. Doch arm sind nicht nur die, die sich vieles nicht kaufen können. Die Frage nach dem rechten Maß erfordert Detailarbeit und zähe Diskussionen. Denn ihr auszuweichen macht eine Gesellschaft auf Dauer krank.

Geht man dem Phänomen der menschlichen Maßlosigkeit noch ein wenig mehr auf den Grund, folgt aus Kritik an der Maßlosigkeit nicht zu allererst die Ethik des Verzichtes, die den meisten zuerst einfällt. Das wäre die falsche

Reihenfolge. Aus der Haltung des Maßes folgt vielmehr eine Ethik des Genusses. Das mag auf den ersten Blick verblüffen. Die Genussfeindlichkeit des Christentums ist ja sprichwörtlich. Vor allem dem Protestantismus sagt man Sinnenfeindlichkeit, Festabstinenz und eine tiefe Abneigung gegen jegliche Art der Verschwendung nach. Sparsamkeit und der Verdacht gegen jede Form der Übertreibung, ob im Rausch oder in der Lust, führten sogar zu einer wissenschaftlichen These, die auch noch da nachwirkt, wo sie faktisch widerlegt ist.

Max Weber, der berühmte Sozialwissenschaftler des 20. Jahrhunderts, setzte die Theorie in die Welt, dass die »innerweltliche Askese« überhaupt erst den frühen, radikalen Kapitalismus möglich machte. Arbeit, Zucht und Disziplin als Werte eines gottesfürchtigen Lebens sah er als Motor für gewinnorientiertes Wirtschaften an. In Vorurteilen steckt natürlich immer auch ein Quäntchen Wahrheit. Es gibt sie, die blutleeren Gottesdienste und die Frommen, die von einem besseren Leben faseln wie die Blinden von der Farbe. Wer sich auf diese Art ans Jenseits hält, der entwertet mit dem Diesseits die Lüste und den Leib, den Luxus und den Exzess.

Der Umkehrschluss gilt allerdings auch nicht. Maßlosigkeit ist nämlich keineswegs ein Zeichen für ein reiches, intensives Leben. Maßlosigkeit hat ihre eigene Zeit. Und die ist immer knapp. Schnell und fieberhaft sucht das Maßlose nach neuer Befriedigung. Sobald sie verdampft und Ernüchterung um sich greift, muss Nachschub her. Das Vergnügen ist verschattet von seinem Ende. Maßlose fürchten nichts mehr als den Aufschub. Warten wird zur Qual. Maßlosigkeit kann sich steigern zum Selbstzweck, bei dem das Begehrte gar keine Rolle mehr spielt. Der Kick, die Beute, der Gewinn ist das Ziel. Nur so kann man es sich erklären, dass Menschen, die mit Geld Millionen gemacht haben, immer weiter machen, obwohl sie und ihre Kindeskinder von dem, was auf der hohen Kante liegt, mehr als nur gut leben können. Maßlose zeigen Formen der Sucht. Manche Süchte sind gesellschaftlich eher akzeptiert als andere, manche Süchte machen auch nicht körperlich krank, doch seelische Abhängigkeiten, nach Erfolg, nach Aufmerksamkeit oder nach Sex, können die Lust am Leben auch bei denen trüben, die nach gängigen Kriterien auf der Sonnenseite des Lebens sind.

Der Wunsch nach mehr scheint unstillbar zu sein. Und mit jeder Erfolgsmeldung, mit jedem Kick verfliegt ein Teil der Euphorie. Das macht innerlich und äußerlich rastlos. Weil die Rede von Maß mit Mittelmaß und falschen Kompromissen verbunden wird, ist seine Überwindung geradezu ein Ausdruck gesteigerter Individualität. Maß klingt nach Eintönigkeit und tödlicher Langeweile.

Deshalb ist der schönste Held unter den Maßlosen immer noch Don Juan. Er liebt alle Frauen, blonde und brünette, junge und alte, hübsche und hässliche und macht sich über die treuen Ehemänner lustig. Jede Nacht in einem anderen Bett. Sogar auf der Opernbühne ist Don Juan eigentlich eine tragische Figur. Wie ein Vielfraß verschlingt er die Geliebten – und ist doch nur auf der Suche nach der einen großen Liebe. Vergeblich. Zuletzt stirbt er einsam. Den alternden Liebhaber will keiner mehr haben. Seinen Lebenshunger konnte er nicht stillen. Maßlosigkeit als Lebenshaltung, die da ausbrechen will, sucht das Extreme, um sich besonders und lebendig zu fühlen. Extremsportarten und extremistische religiöse und politische Haltungen haben hier ihre unheimliche Gemeinsamkeit. Maßlosigkeit ist nicht nur eine Sache der reinen Menge, die tendenziell nach Unendlichkeit strebt: »immer mehr«. Sie ist auch eine Form des radikalen und kompromisslosen Einsatzes, unter Umständen auch des eigenen Lebens, der sich nur noch einem Ziel verschreibt und alle anderen Lebensformen verachtet. Deshalb ist der Flirt mit den Extremen auch Ausdruck eines Lebenshungers, der mit Konsum nicht befriedigt werden kann. Die Kritik der Maßlosigkeit kann sich deshalb im Gegenzug zu einer maßlosen, gewalttätigen Lebensform steigern.

Seelisch zu verhungern drohte auch Scrooge, der berühmte Geizkragen aus der Weihnachtsgeschichte von Charles Dickens. Seine Maßlosigkeit steuerte genau in die andere Richtung. Er wollte alles für sich behalten, ein kaltherziger Geizkragen und emotionaler Habenichts, der sich an dem, was er angesammelt hat, gar nicht freuen kann. Scroogeähnlich werden heute Meisterwerke der Kunst über Jahre in Tresoren und in Depots versteckt. So bekommt sie niemand anders. Mit Kunstgenuss hat solche Sammelleidenschaft allerdings wenig zu tun. Die Kunstwerke liegen dort als krisensichere Geldanlage. Maßlosigkeit hat viele Ziele und viele Richtungen. Immer ist sie auf Zukunft aus. Mit der Gegenwart tut sie sich schwer. Immer auf dem Sprung, in den wenigen ruhigen Momenten zappelig wie ein kleines Kind, sorgt sie sich vor allem vor Stillstand. Das wäre das Ende.

Die Haltung des Maßes lässt sich deshalb nicht bei Moralaposteln, sondern bei Genießern studieren. Genuss lebt vom Aufschub und von Phasen des Verzichtes. Ausschweifung, Vergeudung. Fülle und Kicks sind nämlich nur dann großartig, wenn wir sie nicht auf Dauer haben. Überangebote und der ständige Zugang zu allen möglichen Freuden erzeugen keinen Genuss, sondern Überdruss. Man stelle sich vor, wir wären gezwungen, jeden Tag als »Geburtstag« zu begehen.

»Erwartung« und »Erfüllung« sind die Schlüsselworte der christlich geprägten Kultur bis in unsere Gegenwart. Das Kirchenjahr ritualisiert diesen Wechsel. Vom ersten Sonntag im Kirchenjahr in der dunklen Jahreszeit über die Adventssonntage in die mal traurige, mal fröhliche Erwartung auf das Heilsgeschehen, in der Passionszeit als Zeit des Fastens bis zum Ostermorgen, der als festlicher Aufbruch des Lebens gefeiert wird, vom Buß- und Bettag als Moment des Einblicks in die menschlichen Abgründe bis zum Erntedankfest als Würdigung der Lebensmittel. Im Kirchenjahr verbinden sich weltliche und religiöse Dimensionen des Zeitmaßes. Das opulente Ostermahl unterscheidet sich von der kargen Mahlzeit am Karfreitag.

Das Erlebnis der Fülle braucht die Erfahrung von Knappheit, ein Höhepunkt, der lange im Gedächtnis bleibt, braucht die Verzögerung und den Sinn für den richtigen Moment. Die Disziplinierung des Wünschens steigert die Freude auf das, was noch aussteht. Dass Vorfreude die größte Freude ist, stimmt sicher nicht in jedem Fall. Manchmal ist sie nur eine lästige Erwachsenenwahrheit, mit der Kinder daran gehindert werden, das Weihnachtszimmer zu stürmen. Doch muss Verzicht, auch wenn er weh tut, deshalb nicht von dem Gesicht der Anstrengung begleitet werden. Freudige Erwartung ist ein Genuss eigener Art, weil das Versprechen auf den Moment, auf den das Warten zusteuert, selbst zu einer beglückenden Erfahrung wird. Es liegt etwas in der Luft.

Das Maß hat wie die Maßlosigkeit ihre eigene Zeit. Doch die Zeiterfahrungen könnten unterschiedlicher nicht sein. Während Maßlosigkeit Hektik und das Gefühl der Getriebenheit erzeugt, steigert das rechte Maß des Genusses sich zu einem ausgedehnten Moment. »Verweile doch, du bist so schön« heißt es über diese dichten Zeiten, die deshalb so intensiv erfahren werden, weil sie flüchtig sind. Die Lebenshaltung des Maßes will sich um die Genüsse nicht bringen lassen. Deshalb diszipliniert sie ihre Instinkte nach unmittelbarer Triebbefriedigung. Erfüllte Sexualität braucht Hingabe. Dafür sind Vertrauen und Zeit genau so nötig wie das Gefühl für den richtigen Moment und die Fähigkeit, sich im anderen wiederzufinden. Genuss hat es immer mit gesteigerter Gegenwart zu tun. Im Genuss erscheint das Fest des Lebens, in dem Fülle als aufgeladener Moment erlebt wird, der sich wie eine Ewigkeit ausdehnt, wie der erste Schluck eines frisch gezapften Bieres nach einem heißen Tag in der Stadt. Den ganzen Tag über erscheint der Biergarten wie ein verschlossenes Paradies. Dann steht das Glas vor einem und der himmlische Garten öffnet sich. Wonne pur. Nach dem dritten Glas ist das Bier nur noch ein Getränk. Sein Geschmack ist gewöhnlich geworden.

Was im Umgang mit banalen Genussmitteln veranschaulicht werden kann, gilt in vergleichbarer Weise für den Umgang mit dem eigenen Lebenshunger, der hinter den meisten Formen der Maßlosigkeit steckt. Längst hat sich herumgesprochen, dass Essstörungen in Wahrheit ein Hunger nach Liebe und Geborgenheit, nach unbedingtem Angenommensein, zu Grunde liegt.

Wer hier wählerisch ist und nicht jedem Supersonderangebot auf den Leim geht, wer nicht alles kritiklos verschlingt, was sich anbietet, sondern fragt, was wirklichen Lebensgenuss verspricht, kann aus dem Gefühl des Getriebenseins ausbrechen. Mäßigung als Lebenshaltung ist auch im übertragenen Sinn vernünftig. Hinter dem griechischen Wort Sophrosyne steckt die Vorstellung einer ordnenden Verständigkeit, also, wenn man so will, das Vermögen, Prioritäten zu setzen und Wichtiges von Unwichtigem, Großes von nur großspurig Auftretendem zu unterscheiden. Maßhalten braucht Augenmaß und Urteilskraft, die kritisch abwägt und Fragen stellt. Wer maßvoll ist, hat keine Angst vor Kompromissen. Sie müssen ja nicht faul sein.

Wer das eigene Maß der Dinge mit dem der anderen abgleicht, findet möglicherweise zu neuer Ausgeglichenheit. Die Fähigkeit, die innere Balance des Handelns und Wünschens immer wieder auszutarieren, ist für die alten Tugendlehrer die Grundbedingung dafür, dass wir im unübersichtlichen täglichen Leben überhaupt Haltung zeigen. Die christliche Orientierung der Mäßigung richtet sich darum nicht in erster Linie auf den Umgang mit Dingen und Wünschen. »Die Ruhe des Gemütes« (Thomas von Aquin), also der Zustand der inneren Zufriedenheit, ist Grund und Ziel einer Existenz, die in Gott ihr letztes Maß hat. Du sollst Mensch sein und nicht Gott, heißt es bei Martin Luther. Knapper geht es nicht. Was für eine Entlastung von überzogenen Selbstansprüchen. Ich muss mich gar nicht selbst erlösen durch immer neue Kicks, durch Formen manischer Selbstsorge oder die Suche nach dem perfekten Augenblick, dem perfekten Dinner, dem perfekten Mann. Die Angst, im Leben zu kurz zu kommen, auch wird kleiner. Ich kann mir sogar den moralischen Perfektionismus abgewöhnen, der müde macht. Von all den rastlosen Übertreibungen ist der frei, der es sich im Tiefsten genügen lassen kann. »Gib Dich zufrieden und sei stille in dem Gotte Deines Lebens, in ihm ruht aller Freuden Fülle, ohne ihn mühst du dich vergebens.« Johann Sebastian Bach hat diese Sätze grandios vertont. So wird förmlich hörbar, dass Zufriedenheit die vollkommenste Erfahrung der Fülle ist.

MUSSE

Für die richtige Balance zwischen Ruhe und Verausgabung, aus der innere Zufriedenheit kommt, muss man nur einen kleinen Buchstaben austauschen. Und schon wird aus dem Maß die Muße, die eigentlich zur Zeitstruktur des Maßhaltens gehört. Trotzdem soll sie ein eigenes Kapitel bekommen. Denn nur zu schnell könnte es den Anschein haben, als wären Haltungen mit Handlungen gleichzusetzen. Die Haltung der Muße korrigiert diese Vorstellung. In ihr wird die Gelassenheit aktiv, als Haltung, die aktiv die Passivität gestaltet. Gelassenheit beginnt nämlich da, wo man Dinge getrost lassen kann. Für eine halbe Stunde, für einen Tag oder sogar für ein ganzes Jahr. Aussteigen nennt man das dann. Einfach raus aus allem, was einen tagtäglich in Betrieb hält. Ein schönes Wort, weil es zeigt, dass zum Lassenkönnen durchaus eine Anstrengung gehört. Vielleicht verlangt das Lassen uns sogar mehr ab als das Tun. Weil wir es eben nicht lassen können.

Noch schöner finde ich das Wort vom »Sabbatical«, das wohl deshalb nie ins Deutsche übersetzt wurde, weil der Sabbat so aus dem englischen Wort herauszuhören ist, ein auf 365 Tage ausgedehnter Ruhetag, der das Einerlei des vertrauten Lebens unterbricht. Ein Jahr mit dem Segelboot über die Weltmeere segeln oder in den Alpen das Sennen erlernen? Das ist ein Luxus, den sich nur wenige leisten können. Ein Jahr Pause machen, ohne feste Pläne, mit der

festen Absicht, in den Tag hinein zu leben? Hört sich das nicht verlockend an? Aber wer ertappt sich nicht bei dem zweiten Gedanken, das sei irgendwo unanständig, diese maßlose Zeitverschwendung in der Mitte des Lebens? Den Jungen gesteht man die Zeit eingeplanter Ziellosigkeit ja noch zu. Obwohl auch für die 18jährigen der Druck heute größer wird, ja keine Zeit zu vergeuden. Nicht einmal das sprichwörtliche Studentenleben ist, was es einmal war. Bummeln rächt sich sofort. Ja keine Lücke im Lebenslauf lassen, das kommt nicht gut an. Darauf verweisen die Berufsberater. Vielleicht geht es mit dem Lassen ja auch ohne langwierige Verhandlungen mit dem Arbeitgeber. Einfach abschalten. Das ist heutzutage durchaus buchstäblich gemeint. Wenn ich alle Schalter der Apparate ausmache, die ich in meinem Alltag nötig zu brauchen meine und deshalb immer in Betrieb oder in Standby halte, vom Computer über das Handy, den Fernseher und die Stereoanlage, bin ich schon eine kleine Weile beschäftigt, unter den Tisch zu kriechen, auf rote Knöpfe zu drücken und Kabel zu verstauen. Nicht mehr online zu sein fühlt sich an wie von der Außenwelt abgeschnitten. Die Stille, die sich dann ausbreitet, hat erst einmal gar nichts Beruhigendes. Die Sorge, etwas zu verpassen, ist längst zum Dauerzustand geworden. Wer sich mit seiner Angst, etwas zu versäumen, halbwegs arrangiert hat, muss sich von seiner Umwelt einiges gefallen lassen. »Versäumnisterror« nennt Olaf Georg Klein diesen Druck, sich diese oder jene einmalige Möglichkeit nicht entgehen zu lassen. Weil er das erkannt hat, ist er nun Gründungsmitglied der Deutschen Gesellschaft für Zeitpolitik und »Zeitmanager«. Zeitnot ist offenbar eine prima Arbeitsbeschaffungsmaßnahme. Mobilität und mediale Vernetzung suggerieren uns in der Tat, dass sich die Weltzeit immer mehr in die eigene Lebenszeit integrieren lässt. Wer möglichst viel in sein Leben packt, hat mehr vom Leben, lautet die Milchmädchenrechnung. Die Sorge, zur falschen Zeit am falschen Ort, oder noch schlimmer, an gar keinem Ort zu sein, führt zu sonderbaren Zwangshaltungen. Woody Allen bringt das Dilemma, das durch die technische Verlockung der Gleichzeitigkeit entsteht, in dem Film »Alle sagen: I love you« so auf den Punkt: »Ich werde mich umbringen. Ja, genau, ich sollte nach Paris fliegen und vom Eiffelturm springen. Dann wäre ich tot. Wisst ihr, wenn ich noch die Concorde kriege, könnte ich drei Stunden früher tot sein. Das wäre perfekt. Mit der Zeitverschiebung könnte ich noch sechs Stunden von New York am Leben sein, aber schon drei Stunden tot in Paris. Ich könnte noch was erledigen und tot sein.«

Für uns moderne Virtuosen der Gleichzeitigkeit ist Lassenkönnen im großen Stil zu einer Herausforderung geworden, für die es offenbar Experten braucht. Deshalb stellt sich Muße auch in den seltensten Fällen einfach ein. Wie jede Haltung braucht sie Übung. Nicht einmal die selbstverordneten Pausen führen automatisch in die Muße. Meistens dienen sie nämlich nur dazu, neue Energien für den nächsten Arbeitstag, die nächste Anstrengung zu sammeln.

Selbst eingeräumte Ruhe hat oft nur den Zweck, danach schnell wieder einsatzfähig zu sein. Pausen entkommen selten dem Muster der Effizienz. Sport dient der körperlichen Fitness und hilft gegen Stress, Kultur hilft dazu, beim nächsten Geschäftsessen mitzureden, den Smalltalk aufzupeppen und am Montag morgen etwas zu erzählen zu haben. Muße, dieses altmodisch-kitschige Wort, hat aber anderes im Sinn. In der Muße wird das Karussell aus Nützlichkeitserwägungen, Sachzwängen und Notwendigkeiten angehalten. Die Muße probt das Leben als Selbstzweck, das in sich genug ist. Zeit verschwenden, ja sogar Zeit tot zu schlagen ist für wahre Müßiggänger nicht das Nebenprodukt einer schlechten Freizeitplanung, in der sich die Erholungswilligen plötzlich mit der Erfahrung der Langeweile herumschlagen. Langeweile, das Gefühl endlos gedehnter Zeit, in dem man nichts anderes zu tun hat, als Stöckchen zu schnitzen oder an den Fingernägeln zu kauen, wie Kinder an langen Sommernachmittagen, ist ja mittlerweile ein gut gehegtes Tabu. Zeit ist schließlich Geld, und diese Rechnung ist nicht metaphorisch gemeint. Deshalb sollen wir sparsam mit unserer Zeit umgehen. Zeitberater ist ein lukrativer Job geworden. Sie führen ins Zeitmanagement ein, helfen, dass wir uns mit allen unseren Aufgaben nicht verzetteln und unser Leben trotzdem schön überschaubar halten. Es gibt wundersame Kalender zu kaufen, die einen täglich nach den Prioritäten fragen und einem ganz normalen Tag neun übersichtliche Raster auflegen. Dem Wahn der permanenten Beschleunigung wird mit dem Wahn der Zeitersparnis begegnet. Da geht es nicht mehr darum, ob man sich daran beteiligt, sondern wie man halbwegs überlebt. »Ich habe keine Zeit«, heißt es bei vielen Menschen deshalb selbst am Wochenende. Niemand lacht bei dieser, nähme man es genau, unsinnigen Aussage. Was wäre, wenn jemand stöhnte: »Ich habe kein Leben?«. Solange er am Leben ist, ist das eine genauso unsinnige Aussage, weil sie suggeriert, der Umgang mit der Lebenszeit entzöge sich der eigenen Verantwortung. Gleichzeitig behandeln wir Zeit wie eine Sache. Wir ächzen über Zeitknappheit, als wäre die eigene Zeit eine mehr oder weniger dicke Verfügungsmasse, aus der man sich seinen Anteil herausklauben könnte. Muße macht Schluss mit der Illusion, Zeit sei handhabbar und wer unter Zeitnot litte, müsse nur lernen, mit der verfügbaren Zeit besser umzugehen. Das Denken in den Kategorien des »um zu« setzt aus.

In der jüdisch-christlichen Zeitvorstellung ist diese heilsame Unterbrechung der Zeitordnung ein Zeichen der Befreiung von jeglicher Art, das Leben zu vermessen oder den Verrichtungen des Tages einen Preis zu geben. Im Sabbat und im Sonntag wird mit je unterschiedlichen Akzenten betont, dass der Mensch einen Wert in sich selbst hat. Das ist ein zutiefst religiöser Gedanke. Martin Luther formuliert es wie immer zugespitzt und formuliert Faulheit zu einer geistlichen Tugend: »Man dient Gott auch durch Nichtstun, ja durch nichts mehr als durch Nichtstun.« Wer alles vermeidet, was auch nur den Anschein einer sinnvollen Tätigkeit hat, wer versonnen Wolkenbilder betrachtet, die Wand anstarrt, ein Schläfchen macht, Däumchen dreht und wie Tom Sawyer, der Held meiner Kindheit, mit Grashalm im Mund vergnügt gar nichts tut, löst sein Menschsein von der Illusion, sein Wert bestünde in dem, was wir leisten.

Die Freude an dem, was sein soll, die die christlichen Tugenden ausrichtet, korrigiert und trägt, kann sich in dem Raum, der in der Unterbrechung des Handlungsdrucks steht, besonders gut ausbreiten. Natürlich könnte sich nun jeder seine individuellen Enklaven der selbstzweckhaften Zeit in die dafür vorgesehenen Terminkalender eintragen. Zum Beispiel am Dienstag, weil es da gerade so schön passt. Es hat ja etwas Berauschendes, einen Tag lang durch die Stadt zu laufen und schon um 11.00 Uhr im Café zu sitzen, während die Freundinnen bei der Arbeit schwitzen. Die ungezielte Bummelei wird da doppelt wertvoll. Doch Hand aufs Herz. Einmal abgesehen davon, dass so ein individueller Mußetag auf Dauer ganz schön einsam macht, weil Geselligkeit zur Erfahrung der Auszeit nun mal dazugehört: Wer wird diesen Rhythmus denn durchhalten, wenn die Umgebung einem anderen Tageslauf folgt, die Straßen verstopft sind und die Bauarbeiter vor der Tür die Straße aufreißen? Nicht mal Ausschlafen macht da Vergnügen. Der Sonntag ist eine kulturelle Hilfsmaßnahme, damit wir für unsere Sehnsucht nach einer anders gestalteten Zeit, in der wir lassen können, was uns sonst ununterbrochen beschäftigt, eine Form finden. Die Muße bliebe nämlich sonst auf der Strecke. Deshalb unterscheidet sich der wöchentliche Feiertag von Werktagen nicht nur durch Arbeitsfreiheit. Für Kinder, Rentnerinnen und Arbeitslose wäre dieser Tag ja dann völlig ohne Belang. Im Sonntag gibt sich eine ganze Gesellschaft einen Rhythmus, der Platz macht für das Erlebnis, dass Menschsein seine Würde in sich selbst hat. Das ist so pathetisch, wie es klingt. Um weniger geht es nicht, wenn über den gesetzlichen Sonntagsschutz gestritten wird.

Der Gottesdienst ist in den alten Theologien eine Stunde, die aus der normalen Zeitrechnung noch mal ein wenig weiter heraus fällt. In ihm vollzieht sich eine andere Zeitordnung. In ihm kommt es zu einem Vorspiel der Ewigkeit. Die Liturgien folgen der Dynamik einer Freiheitsbewegung von den Zwängen, die derjenige hinter der Schwelle der Kirchentür zumindest symbolisch zurücklässt, der sie betritt. Deshalb sind Kirchen auch als vertraute Gebäude fremde Orte, Sehnsuchtsorte. Ihre Türme mit dem Geläut ragen wie ein Versprechen zwischen all den Funkmasten in den Himmel und erinnern auch die, die diese Gebäude nie betreten, daran, dass Menschsein nicht in dem aufgeht, was seinen momentanen Kurswert bestimmt. Dieses Versprechen gilt natürlich nicht nur sonntags. Kirchen sind deshalb »Gegenorte«, eingebaute Widerlager im Gleichmaß der Zeit oder »Heterotopien«. So nennt der französische Philosoph Michel Foucault diese Orte, die vertraut und fremd zugleich wirken. »Utopie« klingt an, ein Wort, das durch den massenhaften Missbrauch in politischen Ideologien nur noch selten im Umlauf ist, ein Ort jenseits aller Orte, die auf unseren Landkarten zu finden sind. Der Philosoph der Lebenskunst vergleicht die Anziehungskraft solcher Gegenorte mit dem elterlichen Bett, in dem Kinder am Sonntagmorgen herumtollen. So, wie für Kinder das Bett der Eltern am Sonntagmorgen zu einem Gebirge wird, in dessen Schluchten und Höhlen aufregende Abenteuer erlebt werden können. »Auf diesem Bett entdeckt man das mehr, weil man zwischen den Decken schwimmen kann. Es ist der Wald, weil man sich darin versteckt, es ist die Nacht, weil man unter den Laken zum Geist wird.« Das Elternbett ist real. Es ist aus Eisen oder aus Holz und soll die Schlafstätte der Erwachsenen sein. Doch es kann viel mehr. Wir brauchen solche Sehnsuchtsräume und Sehnsuchtszeiten, diese Lücke zwischen Nutzenkalkül und Tempodruck, in denen wir alles sein lassen, um wieder Hoffnung zu schöpfen. Hoffnung aber ist etwas anderes als Prognosen, Erwartungen oder fromme Wünsche. Glaube, Liebe und Hoffnung, die geistlichen Tugenden, sind ein antifatalistisches Widerlager gegen Einfallslosigkeit und Resignation. Aus Hoffnung, Glaube und Liebe können wir ruhig Risiken eingehen. Wir können Neues ausprobieren und Altes wiederentdecken. Diese Lebenshaltungen kann niemand ersteigern oder kaufen. Auf sie können wir uns nur einlassen. Das macht unverzagt, und nur wer unverzagt ist, kann Haltung zeigen.

LITERATUR

Petra Bahr und Christhard Neubert (Hrsg.), Kennen Sie Fräulein Hoffnung? Predigten über Glaube, Hoffnung, Liebe und nicht nur diese drei, Berlin 2008

Otfried Höffe, Lebenskunst und Moral: oder macht Tugend glücklich?, München 2007

Immanuel Kant, Die Metaphysik der Sitten, hrsg. von Wilhelm Weischedel, Frankfurt/M. 1968

Adolph Freiherr Knigge, Umgang mit dem Menschen, Frankfurt/M. 2010

Alasdair MacIntyre, Der Verlust der Tugend. Zur moralischen Krise der Gegenwart. Frankfurt /M. 1995

Michel de Montaigne, Von der Kunst, das Leben zu lieben. Übersetzt, ausgewählt und herausgegeben von Hans Stilett, Frankfurt/M. 2005

Josef Pieper, Über die Tugenden. Klugheit, Gerechtigkeit, Tapferkeit und Mass, München 2004

Wolfgang Sofsky, Das Buch der Laster, München 2009

Konrad Stock, Grundlegung protestantischer Tugendlehre, Gütersloh 1995